ヨガであそぼう！
こどもヨガソング
アートヨガほぐしあそび

小澤直子　新沢としひこ

すずき出版

ヨガであそぼう！
こどもヨガソング
アートヨガほぐしあそび

目次 CONTENTS

- ヨガで遊びましょう！ 4
- ヨガで遊ぶ前に… 6

chapter 1 へんしん！まねっこあそび 9

- （ねこのポーズ）やわらかねこ 10
- （かに歩き）かにかにさんぽ 12
- （にわとり歩き）コケッコタッチ 14
- （へびのポーズ）へびなのじゃ～ 16
- （こざる走り）はらぺここざる 18
- （山のポーズ）山の一日 20
- （立ち木のポーズ）わたしは木 22
- （いぬのポーズ）大空にほえろ！ 24
- （くわがた歩きほか）くわがたマーチ 26
- （あひる歩き）おまるのまるおくん 28
- （すわって前進・後進）のりものトランスフォーム！ 30
- コラム イメージが体を動かす 32

chapter 2 ほぐしあそびでリラックス 33

- ぐにゃぐにゃビート 34
- 忍び足忍者 36
- 笑いの時間 38
- ひっぱりっこ 40
- 夜です おやすみ 42
- ふうせん呼吸 44

| 巻き寿司コロコロ … 46 | コラム　くつろぐことが大事 … 48 |
| 足裏ふみふみ … 47 | |

chapter 3 　基本メソッドで遊ぶ … 49

ふーふーストロー … 50	のびのびのびーん … 58
手の指そらそう … 52	グッパとコウサ … 60
手と足の握手 … 54	手回しオルゴール … 62
ぐるりんぱ … 56	コラム　ほぐしあそびで体を変える … 64

chapter 4 　アートヨガをもっと知るために … 65

| アートヨガとほぐしあそび … 66 | Q&A … 72 |
| 解説一覧 … 68 | |

あとがき … 79

アートヨガ・ムーヴ主宰
小澤直子

　ヨガの操法は、体を自然にしてくれます。それは、先人たちが体の知恵を自然から学んだからです。

　ヨガのポーズに動物の模倣が多いのは、注目すべきところです。この本のあそびの中にも、動物のまねっこがありますが、遊んだ後は、子どもたちと一緒に、いぬやねこなど、動物の観察もしてみましょう。

　動物たちは、目を覚まして1日を始めるとき、必ず大きなのびとあくびをします。眠りから覚醒への移行をスムーズにするため、体をほぐして背骨に力を集めているのです。これを日に何度もくり返し、動物たちは、体のバランスをとっています。これが、医者いらずの秘訣で、ヨガの先人たちも、これに学び、さらに、より生命力を高めるために、呼吸のしかたや、体の動きに様々な工夫をこらしてきたのです。

　この本のあそびは、子どもたちの心と体をほぐして強くするため、そうしたヨガのポーズも取り入れ、さらに、脳と体をテーマにしたアートヨガのノウハウをいかして作りました。幼児から小学校低学年までは、あくまでもあそびとして行ってください。呼吸しやすくするため、楽しいうたもたくさん作りました。あそびなので、正確さよりも、楽しさを大切にしてください。

　たくさんのうたが、子どもたちの体を、さらにやわらげ、強くしてくれますように！

ましょう！

シンガーソングライター
新沢としひこ

ぼくは仕事がら、全国の保育士さんや幼稚園の先生たちに出会う機会がたくさんあります。あるとき「アートヨガを、子どもたちにも楽しめるように、曲をつけたりできませんか？」と1人の保育士さんに言われたのでした。

「アートヨガはとてもよいのだけれど、それを子どもたちと実践するのはなかなか難しいから、楽しいうたにならないでしょうか？　それなら子どもたちも遊びながら自然に体を動かしたりほぐしたりできると思うんです」

確かにそんなことが実現したら本当によいなあ、と思いました。そういう企画をするなら、それはアートヨガをずっとやっているぼくしかいないよなあ、そのときは漠然と思っていたのですが、そのアイデアは実現しないまま何年も過ぎていました。ところが物事のタイミングというのはおもしろいもので、今回鈴木出版から偶然お話をいただき、とんとん拍子に夢が実現することになったのでした。

音楽にはもともと、人の心を楽しく弾ませたり、静かに落ちつかせたり、やわらかくほぐしたり、集中させたり、いろいろな力があります。ほぐしあそびのメソッドに音楽を組みあわせることで、より楽しく子どもたちと体を動かし、ほぐすことができるようになりました。

「ヨガは難しいから」と思って今まで敬遠していた人たちも、ぜひ一度試していただきたいと思います。きっと自分の体との新しい出会いがあることでしょう。

ヨガで遊ぶ前に…

息をはきながら動く

この本で遊ぶとき、必ず子どもたちに伝えてほしい大切なことが2つあります。その1つが「息をはくこと」。

息をはくと、体がやわらぎ動きやすくなるうえ、心もやわらぎます。1つの動作に1回の息をはきましょう。おなかをふくらませながら鼻からすって、おなかをへこませながら鼻と口ではきます。このとき、「はーっ」という音でなく、「ふーっ」に近い音で、口はとがらせずに、ろうそくの炎を吹き消すような気持ちで静かに息をはきましょう。

絶対に無理をしない

大切なことの2つめは「絶対に無理をしないこと」です。

遊ぶ前に必ず、「ほぐしあそびで大切なことは?」ときいて、子どもたちに確認してください。「無理をしないこと」の意味を理解するのは、大人でも難しいことです。でも、子どもたちは、必ず理解してくれるでしょう。

絶対に無理をしなければ、必ずできるようになるのが、ほぐしあそびの特徴です。

足は はだし 楽な服装になって！

とにかく楽しんで！

とにかく楽しむことが大切です。この本のあそび（ほぐしあそび）は、アートヨガを子どものためにアレンジしたものですが、あくまでもあそびです。楽しむことが一番大切です。

効能があると、大人はついつい無理にでもさせようとしてしまいますが、それは厳禁。いやがっているときは、すう息に力がこもっていたり、息をつめていたりします。そんなときには、体によいことをしても、よい刺激にはなりません。楽しめないときは、無理に行わないことです。

食べた直後はしない

ねこ・へび・山・立ち木・いぬなどのポーズは、内臓に刺激がいくので、できるだけ胃はからっぽの方が望ましいでしょう。本格的なヨガのポーズは、食後2時間以内は行いませんが、よほど食べ過ぎていなければ、1時間後には、遊んでもよいでしょう。

第3章の「基本メソッドで遊ぶ」は、食後30分から行えます。

最後は くつろぎのポーズ

1つのあそびが終わったら、くつろぎのポーズで体をゆるめましょう。あおむけで寝て、足は肩幅、手のひらを上向きにして、目をかるくとじます。

呼吸の基本

この本のあそびは、腹式呼吸で行います。
まずはじめに呼吸の練習をしてみましょう。

おへそから2〜3センチ下の部分を人さし指でさわる。
鼻からゆっくりと息をすいながら、おなかを大きくふくらませる。

ろうそくの炎を吹き消すイメージで、口と鼻の両方で、息をはく。
おなかがぺしゃんこになるまで、しっかりと息をはききる。

●呼吸の練習のあそび：ふうせん呼吸（p.44）

くつろぎのポーズ

1つのあそびが終わったら、あおむけに寝て、くつろぎのポーズで体を休めます。

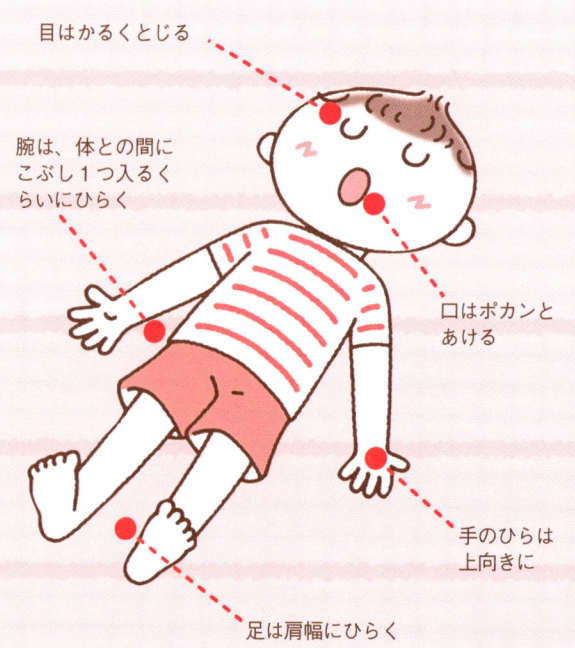

- 目はかるくとじる
- 腕は、体との間にこぶし1つ入るくらいにひらく
- 口はポカンとあける
- 手のひらは上向きに
- 足は肩幅にひらく

あおむけに寝て、だらりと全身の力をぬく。目をかるくとじて何も考えず、気持ちのよい自然な呼吸をする。

●くつろぎのポーズのあそび：夜ですおやすみ（p.42）

chapter 1
へんしん！まねっこあそび

ヨガには、まねっこあそびがいっぱいつまっています。
いろいろなものになりきって、楽しく体をほぐしましょう。
大切なのはイメージすること！
想像力をはたらかせ、心からなりきることができれば、
自然と体も動いていきます。

ねこのポーズ
やわらかねこ

すごくかんたん　**かんたん**　ちょっとがんばれ！

▶背骨をやわらげる

ねこになって、遊びましょう。深く呼吸しながらゆっくりと体をまるめたりそらせたり…。気持ちいいだけ、くり返しやってみるといいですよ。

1 準備
両手・両ひざを床につけ、ゆっくりと息をすう。

!! POINT
頭と背中が床と平行になるように

ねこになったような気分で曲をつけました。ぼくは体がかたいのですが、ねこのまねをすると、体が気持ちよくやわらいでいく気がするんですよね。やわらかく歌いましょう。

2 ♪ねこがからだをまるめてる〜
息をはきながら、ゆっくりと背中をまるめていく。

!! POINT
首をすくめない

!! POINT
息をはきながら、おなかをしっかりとへこませる

3 終わり
息をすいながらゆっくりと、1の姿勢にもどる。

4 （準備）
何回か深呼吸をした後、もう一度ゆっくりと息をすう。

やわらかいねこになってみましょう！

ねこは、とても身近な動物なので、模倣もしやすいと思います。ねこをイメージして「にゃおーん」「ごろにゃーん」と、鳴きまねをするだけでも自然と体がやわらいできます。
またこのポーズをすると、背骨の椎骨間（ついこつかん）の血流がよくなり、脳のはたらきも活発になります。

5 ♪ねこがからだをそらしてる〜
息をはきながら、ゆっくりと背中をそらす。

!! POINT 天井を見る

6 （終わり）
息をすいながらゆっくりと、もとの姿勢にもどる。

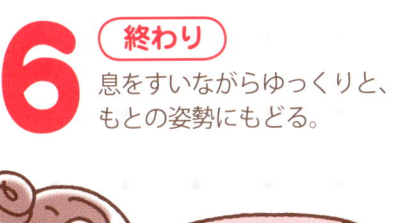

やわらかねこ

作詞／新沢としひこ・小澤直子
作曲／新沢としひこ

♩=72 やわらかくゆったりと

2 ねこが からだを まるめてる　まるい ちきゅうを だっこして
5 ねこが からだを そらしてる　まるい おひさま おんぶして

※楽譜上の数字は、あそび方の説明番号に対応しています。

©ASK MUSIC Co.,Ltd

かに歩き

かにかにさんぽ

▶足腰を強くする

すごくかんたん　かんたん　ちょっとがんばれ！

かにのように横歩きで
お散歩をしてみましょう。
足腰を鍛えるのに
たいへん効果的です。無理せず
楽しく遊んでくださいね。

1 ♪かにかにさんぽ　よこよこさんぽ　みちみちあるいて　ユーターン〜

リズムにあわせて息をはきながら、しゃがんで横歩き。"ユーターン"の後、そのまま引き返す。

2 ♪よちよちさんぽ　ちびちびさんぽ　ありんこいっしょに　ユーターン〜

赤ちゃんがにになったつもりで、よちよちと横歩き。"ユーターン"の後、そのまま引き返す。

3 ♪おおきくさんぽ　よこにさんぽ　いっぽいっぽ　ユーターン〜

大きな親がにになって横歩き。片方の足を大きく横に出し、ゆっくりと重心移動しながら進んでいく。

かにかにさんぽ

作詞／小澤るしや・小澤直子
作曲／新沢としひこ

♩=100　2番は速く　3番はゆっくり

1 かにかにさんぽ　よちよちさんぽ　みちみちあいるいて　ユーターンン　(チョキン)
2 よちよちさんぽ　よちよちさんぽ　ありんこいっしょに　ユーターン　(チョキン)
3 おおきくさんぽ　よーちにさん　あいーっぽいーっぽ　ユーターン　(ジョキン)

かにかにさんぽ　ふっふっさんぽ　みちみちあいるいて　ひとやすみ　(チョキン)
よちよちさんぽ　ふふっふっさんぽ　ありんこいっしょに　ひとやすみ　(チョキン)
おおきくさんぽ　ふーっとさん　あいーっぽいーっぽ　ひとやすみ　(ジョキン)

©ASK MUSIC Co.,Ltd

2番の「♪よちよち〜」は、ちょこちょこ速く、3番の「♪おおきく〜」は、ゆっくり歌ってみましょう。テンポの違いが明確なほうがおもしろいですよ。

呼吸をかえて いろいろな"かに"になる

このあそびは、普通のかに、小さな赤ちゃんがに、大きな親がにと、3種類の動きがあります。呼吸も、普通の長さの呼吸、ふっふっふっという短い呼吸、長い呼吸の3パターンがあり、それぞれの動きと組みあわされています。かにの大きさにあわせ、「ちっちゃく、ちっちゃく」とか、「お〜きく」と声をかけながら、遊んでください。子どもたちは遊びながら、呼吸と動作をあわせることを学んでいきます。

慣れてきたら、子どもたちの足首のかたさを観察してみましょう。しゃがんだときにかかとが床につかないのは、足首がかたく、足の指もひらいていないかもしれません。そんなときは、「手と足の握手（P.54）」「グッパとコウサ（P.60）」「手回しオルゴール（P.62）」などで足の指と足首をほぐしてあげるといいでしょう。

1 へんしん！まねっこあそび

2 ほぐしあそびでリラックス

3 基本メソッドで遊ぶ

4 アートヨガをもっと知るために

にわとり歩き
コケッコタッチ
▶肩をやわらげる

すごくかんたん　**かんたん**　ちょっとがんばれ！

テレビの見すぎやゲームのしすぎで、子どもたちの肩がこわばってはいませんか？そんなときは、"にわとり歩き"で楽しく肩をほぐしましょう。

1 ♪みぎてでわたしの〜
右手→左手の順に絵のように背中に手を回す。

2 ♪わたしのせなかで〜
背中で両手をあわせ、合掌する。

※手のひらをピッタリあわせるのが難しいときは、指先だけ、またはやろうとするだけでもOK！

3 ♪てくてくてくてく　コケコッコー
体を前に倒し、そのままてくてくと歩いていく。

!! POINT　胸をはり、顔を上げて前方を見る

!! POINT　ひざをできるだけのばす

コケッコタッチ

♩=100　かろやかに　♪.♪=♪♪♪

作詞／小澤るしや・小澤直子
作曲／新沢としひこ

1 みぎてでわたしの　せなかにタッチ　ひだりてもわたしの　せなかにタッチ
4 ともだちみつけて　コケコケコッコ　5 そーれではまたねと　コケコケコッコ

♪ともだちみつけて　コケコケ～

てくてくと歩き回り、友だちを見つけて
ペコリとあいさつ。

5 ♪それではまたねと～

友だちと別れ、また自由に歩き
回る。

6 ♪もいちどだれかと～

別の友だち（同じ子でもOK）を
見つけ、ペコリと挨拶。

7 ♪げんきにあいさつコケコッコー

正面を向いて、ペコリと挨拶。

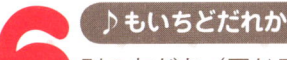

2 わたしのせなかで　てのひらタッチ　　3 てくてくてくてく　コケコッコー
6 もいちどだれかと　コケコケコッコ　　7 げんきにあいさつ　コケコッコー

へびのポーズ

へびなのじゃ〜

▶背骨をやわらげ、強くする

へびが首を持ち上げて体をそらせている様子を模倣した伝統的なヨガのポーズです。気管支のはたらきをよくするので、風邪をひきやすい子にもおすすめ！

すごくかんたん　かんたん　**ちょっとがんばれ！**

1 〔準備〕
おでこを床につけ、うつぶせになる。胸の横に手をついて、ひじを立てる。

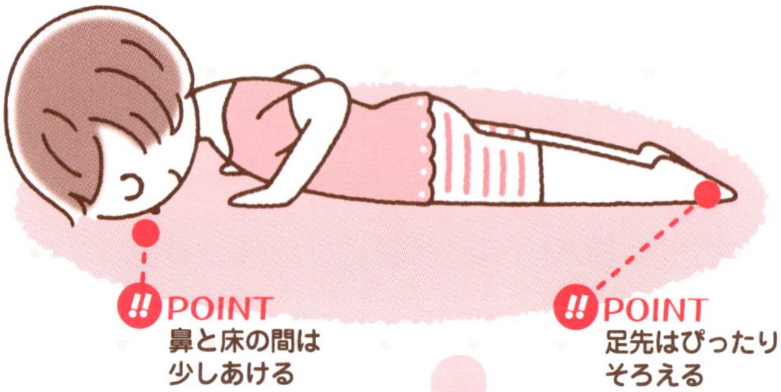

!! POINT 鼻と床の間は少しあける

!! POINT 足先はぴったりとそろえる

へびのポーズとキングコブラのポーズ

1〜3が背骨をやわらげる、へびのポーズ。4〜6は、へびが体を垂直に立てて小動物を威嚇するときの、強い背骨を意識した、キングコブラのポーズです。へびのしっぽは1本なので、どちらも足をぴったりとじて行ってください。足をとじて行うと、体がひきしまり、集中力もまします。

2 ♪わたしはヘビなのじゃ〜
息を少しずつすいながら、ゆっくりと上体を起こしていく。息をすいきったら、息を止めて、そのまま動きも止める。

3 〔終わり〕
ゆっくりと息をはきながら、もとの姿勢にもどる。

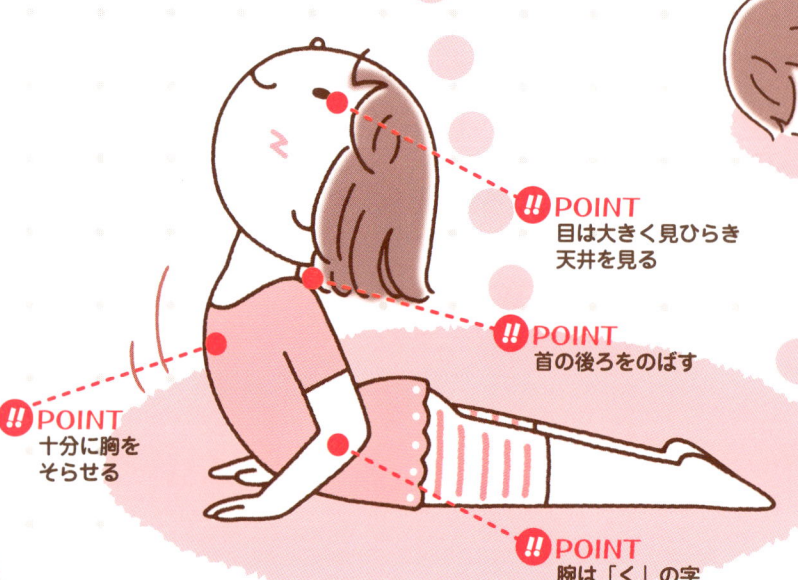

!! POINT 目は大きく見ひらき天井を見る

!! POINT 首の後ろをのばす

!! POINT 十分に胸をそらせる

!! POINT 腕は「く」の字

4 準備
再びうつぶせになる。おなかの横に手をついて、ひじを立てる。

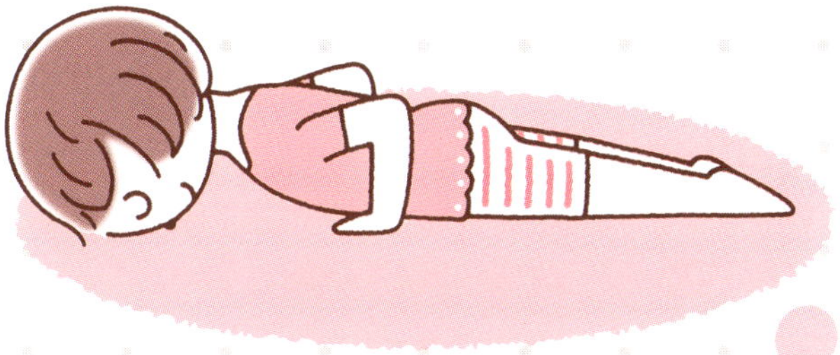

へび使いの音楽のように、アラビアを思わせる中近東風音階で、メロディーを作ってみました。へびになりきって遊んでみましょう。

5 ♪わたしはヘビなのじゃ〜
息をすって、再び息をはきながら体をそらせる。

!! POINT ひじはのばす

6 ♪コブラというなのりっぱな〜
十分にそった後、息をすってはきながら、体をできるだけ垂直に立て、真正面を凝視する。

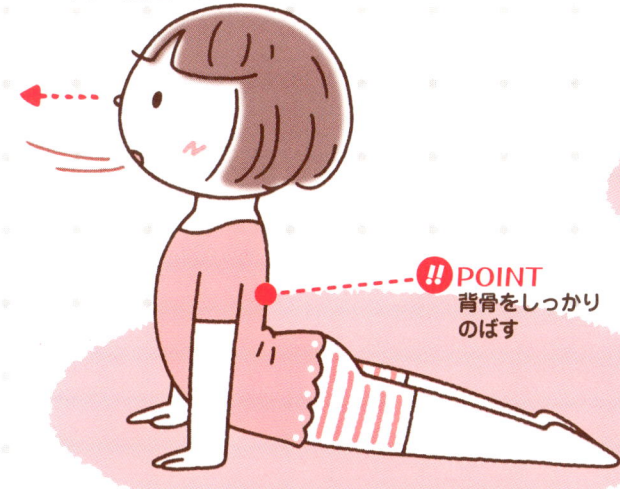

!! POINT 背骨をしっかりのばす

へびなのじゃ〜

作詞／新沢としひこ・小澤直子
作曲／新沢としひこ

♩=92 ゆっくりと

2 わたし は ヘビ な の じゃー ほそくて ながい の じゃー
5 わたし は ヘビ な の じゃー グニャリ と まがる の じゃー

くびを もちあげて そらを ながめる の じゃー ー
6 コブラ と いう なの りっぱな ヘビ な の じゃー ー

©ASK MUSIC Co.,Ltd

こざる走り
はらぺここざる

すごくかんたん　　かんたん　　ちょっとがんばれ！

▶足腰を強くする

こざるになって、おいしい果物を探しにでかけましょう。
手足の指をしっかりひらいて大地を踏みしめて進んでください。
手首と足首の弾力がついて体のバランスがとれてきます。

1 ♪こざるざるざる（バナナ）を　みつけてひろってたべた〜

手のひらをついてしゃがむ。両手を少し先について、後ろ足でジャンプ。1回のジャンプにつき1回、息をはいて進む。「ムシャムシャムシャ」で果物を食べるまねをする。

2 ♪こざるざるざるたべたら　おうちにかえっていった〜

次は後ろへ進む。両手をついて後ろに向かってジャンプ。1と同様に1回1回、息をはきながら進む。

こざるになって遊んで足腰を強くしよう！

こざるのまねをして、とびはねながら足腰を鍛えるあそびです。このあそびをしていると、自然に手や足の指がひらいてきます。ほかにも、足腰を鍛えるあそびに、「くま歩き」や「ライオン走り」があるので、やってみましょう。

走る速度が違ってくるので、「年長さんはくま歩き、年少さんはこざる走りで競走！」というように年齢に応じて走り方を変えると楽しく遊べます。

くま歩き
腰を高く上げ、（左手・右足）→（右手・左足）を交互に前に出して進む。

ライオン走り
腰を高くあげて、息を強くはきながら、ダダダーッと走る。

はらぺこ こざる

作詞／新沢としひこ・小澤直子
作曲／新沢としひこ

♩= 80 軽快に

1.
こざるざるざる バナナを みつけて ひろって たべた （ムシャムシャムシャ あ〜、おいしかった）
こざるざるざる リンゴを みつけて ひろって たべた （ムシャムシャムシャ あ〜、おいしかった）
こざるざるざる ブドウを みつけて ひろって たべた （ムシャムシャムシャ あ〜、おいしかった）

2.
こざるざるざる たべたら おうちにかえっていった （ただいま〜）
こざるざるざる たべたら おうちにかえっていった （ただいま〜）
こざるざるざる たべたら おうちにかえっていった （ただいま〜）

©ASK MUSIC Co.,Ltd

バリエーション

こざる競争

【遊び方】
部屋の数か所に、果物スペース（果物の札を置いてもOK）とおうちスペースを作る。おうちスペースからスタートして、「次はバナナだよ〜」などのかけ声で、いっせいにそこに向かって "こざる走り" をする。食べ終わったら、おうちに戻り、また別の果物を食べに行こう！

1 へんしん！まねっこあそび
2 ほぐしあそびでリラックス
3 基本メソッドで遊ぶ
4 アートヨガをもっと自由なものに

山のポーズ

すごくかんたん / **かんたん** / ちょっとがんばれ！

山の一日

▶わきをのばす

山の気持ちになってみましょう。
さわやかな風が吹きぬけ、
足もとには青い川が流れています。
雄大な自然をイメージしながら
深く深呼吸すれば、心が落ちつき
気分もすっきりと晴れてきます。

1 ♪やまにあおいかぜふいて〜

両足をあわせて座る。両手を上にのばし、頭の上で合掌。ゆっくりと深呼吸をくり返す。

!!POINT 一点を見つめる
!!POINT わきを十分にのばす

3 終わり

息をはきながらゆっくりと、手を下ろす。

2 ♪そらにしろいくも〜

手首から上を交差させ、合掌。「♪やまはふかく〜」で、手を組みかえる。

!!POINT ゆっくりと深呼吸

!!POINT 途中で手を逆に組みかえる

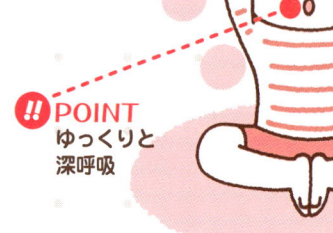

♪そらにしろい〜

♪やまはふかく〜

♩= 80　静かにゆったりと

作詞／新沢としひこ・小澤直子
作曲／新沢としひこ

1 やまに あおい かぜ ふいて－　やまは きょうも しんこきゅう－
4 やまに あおい かぜ ふいて－　やまは きょうも しんこきゅう－
5 やまを ゆうやけ がそめて　やまは きょうも しんこきゅう－

2 そらに しろい くも ながれ－　やまは ふかく しんこきゅう－
　かわらに あおい みず ながれ－　やまは ふかく しんこきゅう－
　そらに ぎんの ほし ながれ　やまは ふかく しんこきゅう－

©ASK MUSIC Co.,Ltd

4 ♪やまにあかいはな〜

足を結跏趺坐、または半跏趺坐に組んで、1〜3と同様に。

!! POINT　結跏趺坐の座り方

片方の足を太ももに乗せ、もう片方の足をその上に乗せる。

5 ♪やまをゆうやけ〜

足を反対に組み直し、再び1〜3をくり返す。

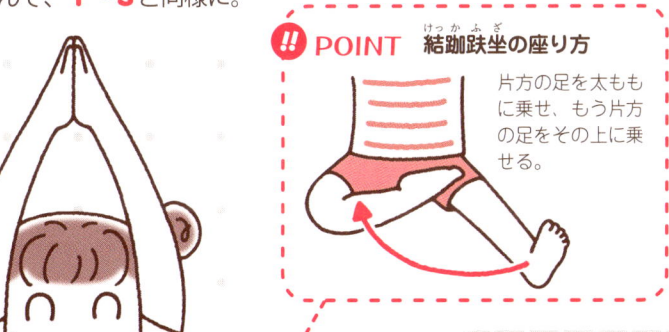

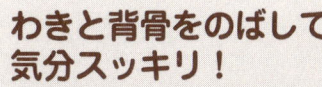 半跏趺坐

※結跏趺坐ができなかったら、半跏趺坐で行う。無理をしないで気持ちいい方で行う。

わきと背骨をのばして気分スッキリ！

姿勢が悪い子はいませんか？　猫背姿勢を続けていると、わきが縮み、首の後ろも縮んでくるので、気持ちが落ちこみやすくなります。

山のポーズは、わきと背骨をのばし、脳への血流をよくして、気分をすっきりさせる効果があります。「空気がおいしいね」「うーん、いい気持ち」などと言葉かけをして、実際の山のイメージを作って遊ぶといいでしょう。

ここでは、股関節をやわらげる「結跏趺坐」や「半跏趺坐」というヨガ独特の座法が出てきます。難しい座法なので、子どもがおもしろがるようであれば、あそびとしてやってみるという程度に考え、決して無理にさせようとしないでください。

1 へんしん！まねっこあそび
2 ほぐしあそびでリラックス
3 基本メソッドで遊ぶ
4 アートヨガをもっと知るために

立ち木のポーズ
わたしは木

▶ バランス感覚を養う

すごくかんたん　かんたん　**ちょっとがんばれ！**

バランス感覚を養う代表的なヨガのポーズです。小鳥が枝にとまっても、くまが幹をゆすっても、じっと我慢…。心を落ちつけて本物の木になりきってください。

1 準備
片方の足を上げて、足の裏が太ももにつくように、手でしっかりと支える。

2 ♪わたしは き～
両手を上げ、"き"のところで、頭の上でピタッと手をあわせる。ゆっくりと深呼吸しながら、バランスをとる。
※2番は反対の足で行う。

※足は無理に太ももまで上げなくてもかまいません。それよりも、できるだけひざが外を向くように気をつけましょう。

!! POINT 背骨をのばし、おなかをしめる

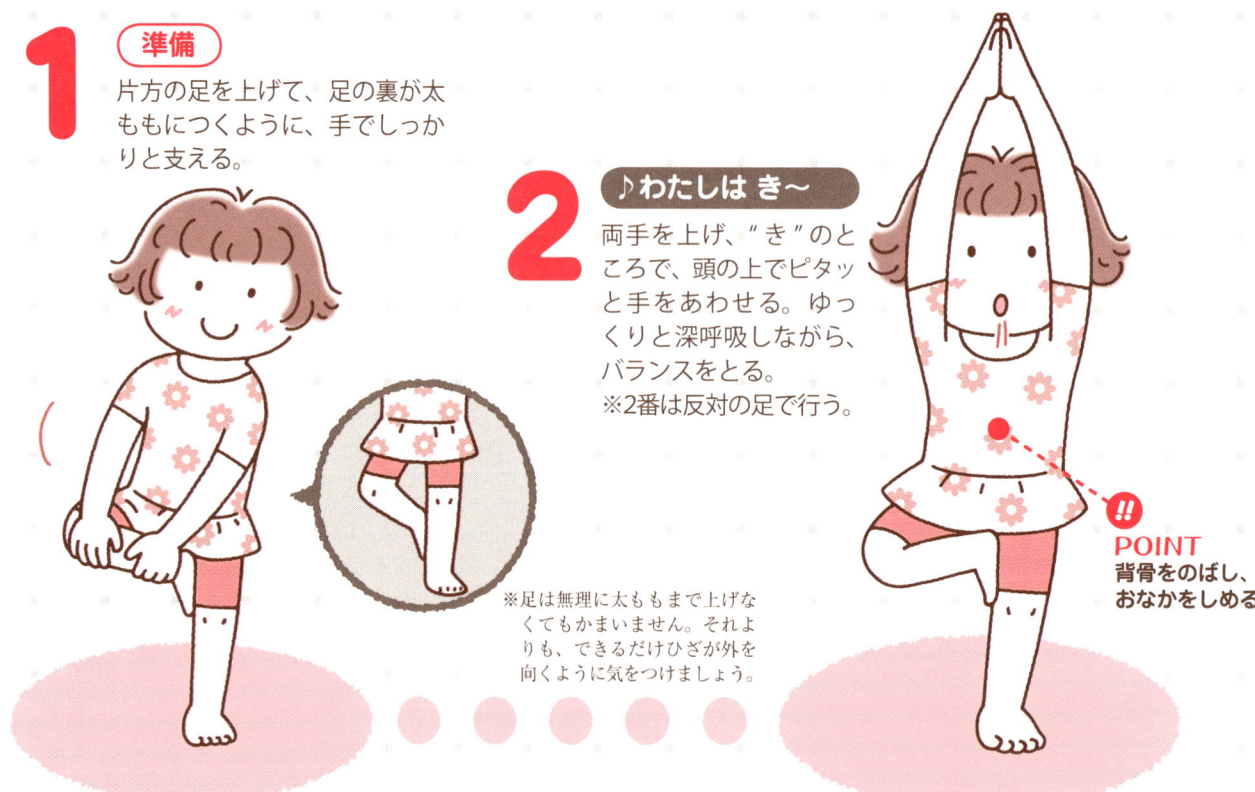

わたしは木

作詞／新沢としひこ・小澤直子
作曲／新沢としひこ

♩=118　集中して

バリエーション

フラミンゴのポーズ

1. 左手で天井を指さす。右足を上げて右手でしっかりと支える。
2. ゆっくりと手と足を床に平行にしていく。
3. 体が止まったところで、バランスをとる。

（※手と足を逆にして、もう一度）

!! POINT
ここまでできなくても、体が止まったところでバランスをとればOK

立ち木の心になって精神集中

木の心になってみましょう。たくましい大木、小さな若木、風にゆれている木、のびていく木、いろいろなイメージがふくらむといいですね。その後で立ち木のポーズをしてみます。ふらふらするようだったら、窓をあけて、実際の木を見ながらイメージをしっかり持つようにします。不思議とバランスがとれて、ふらつかなくなります。

このポーズは、バランス力と意識集中力をつけるのに効果があります。慣れてきたら、どれくらいの間バランスがとれているか、数を数えてみましょう。10秒できたら、たいしたものです。しかし長く続けることを目的とするのではなく、楽しい雰囲気で行えることを一番に考えてください。

いぬのポーズ
大空にほえろ！

▶背骨をやわらげ、強くする

いぬはどんな１日を
過ごすのでしょうか？
朝起きて大きくのびをし、
昼は元気に遊び、夜はぐっすり眠る。
そんないぬの気持ちになりきって
遊んでみましょう。

1 ♪わおーん あさだ～
足をかるくひらいてうつぶせになる。おでこを床につけ、おなかの横に手をついてひじを立てる。

2 ♪ぐいーんのびーん～
息をすって、はきながら、ゆっくりと体をそらせる。

!! POINT
ひじはできるだけまっすぐにのばす

3 ♪あしのこうでささえ～
息をすって、はきながら、重心をやや前に移動し、手のひらと足の甲で体を支える。

!! POINT
しっかりと息をはく

!! POINT
おなかがかるく浮くくらいの気持ちで、手足にグッと力を入れる

4 （準備）
1の姿勢にもどる。

5 ♪わおーん ひるだ〜
息をすって、はきながら体をそらせる。

6 ♪あしうらゆかに〜
頭のてっぺんを床につけ、両手、両足、頭で体を支え、息をはく。

!!POINT 背中はできるだけまっすぐに
!!POINT ひざのうらをのばす
!!POINT 頭が床につかないときは、無理をしない

7 （準備）
あおむけになる。

8 ♪わおーん よるだ〜
大きくのびをする。

9 ♪ねむーん くーん
目をかるくとじて口をポカンとあけ、体の力をぬいて「くつろぎのポーズ」に。

!!POINT 足は肩幅にひらく
!!POINT 腕は、こぶし1個分くらい体から離す
!!POINT 何も考えず、心からリラックス

1 へんしん！まねっこあそび

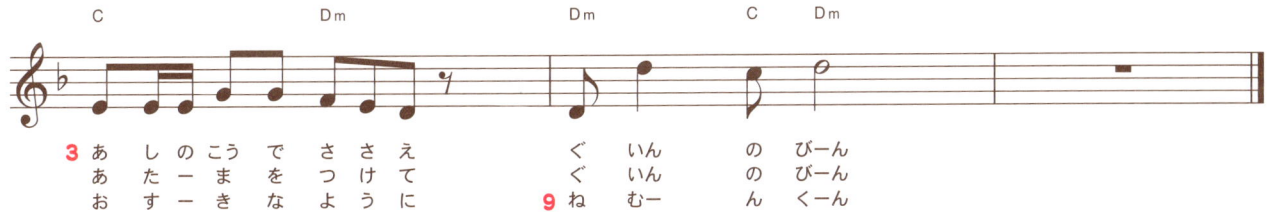

```
C              Dm              Dm         C    Dm
3 あ し の こう で   ささ え       ぐ いん   の  びーん
  あ たー ま を   さっ けて       ぐ いん   の  びーん
  お すー き な   よう に       9 ね むー   ん  くーん
```

©ASK MUSIC Co.,Ltd

くわがた歩きほか
くわがたマーチ

すごくかんたん / かんたん / ちょっとがんばれ！

▶足腰を強くする

かぶとむしやくわがたむしになって元気に行進してみましょう。運動会にもピッタリのあそびです。子どもにとっては足腰を強くする効果がありますが、大人は絶対に無理をしないでください。

1 ♪くわがたのあたま～
"こんなだ"のかけ声とともに両手を上げ、くわがたのあごの形を作る。

!! POINT 足は肩幅にひらく

2 ♪しゃがむぞ
そのままの姿勢で腰を低く落とす。

3 ♪ぎゅわんと　たおして～
上体を前に倒し"クワクワクワ"で、腕をひらいたりとじたり。そのままリズムにあわせて歩き出す。

!! POINT 背中はなるべくまっすぐに

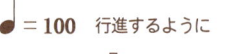

作詞／小澤るしゃ・小澤直子
作曲／新沢としひこ

♩=100　行進するように

1 くわがたのあたまは　どんなだー（こんなだ）　クワクワつくって　2 しゃがむぞー（しゃがむぞ）
4 かぶとむしあたまは　どんなだー（こんなだ）　カブカブつくって　5 しゃがむぞー（しゃがむぞ）
7 むーかでのあたまは　どんなだー（こんなだ）　みんなでつながり　8 しゃがむぞー（しゃがむぞ）

3 ぎゅわんとたおして　クワ クワ クワ　　ともだちつかまえ　クワ クワ クワ
6 ぎゅわんとたおして　カブ カブ カブ　　カブトであいさつ　カブ カブ カブ
9 ぎゅわんとたおして　イチ ニ サン　　みんなであわせて　イチ ニ サン

©ASK MUSIC Co.,Ltd

4 ♪かぶとむしあたま〜

"こんなだ"のかけ声で、かぶとむしの角を作る。

5 ♪しゃがむぞ

そのままの姿勢で腰を低く落とす。

6 ♪ぎゅわんと　たおして〜

上体を前に倒し"カブカブカブ"で、腕を左右に振る。そのままリズムにあわせて歩き出す。

7 ♪むかでのあたま〜

数人で1列に並ぶ。"こんなだ"のかけ声で大きく丸を作り、むかでのあごの形に。

9 ♪ぎゅわんと　たおして〜

上体を倒し、前の人の腰をかるくつかんで、つながる。そのまま行進する。

!! POINT
先頭は床に手をつく

8 ♪しゃがむぞ

そのままの姿勢で腰を低く落とす。

あひる歩き
おまるのまるおくん
▶腸のはたらきをよくする

あひるのおまるの"まるおくん"は、お散歩が大好きです。まるおくんになってお散歩すると腸が刺激され、遊んでいるうちにうんちが出やすくなりますよ。

すごくかんたん　**かんたん**　ちょっとがんばれ！

1 ♪おまるまるまる　おまるまるまる〜
両足をひらいてしゃがみ、足の内側から外側へ両手を回す。息をはきながら、リズムにあわせて歩き出し、"チャプン"で止まる。

2 ♪おしり　ピッピッ〜
息をはきながら、おしりを最初は上下、次は左右に振る。

3 ♪パタパタパタパタ〜
パタパタと再び歩き出し、"ポチャン"でおしりを下に下ろす。

!! POINT 足首をつかもうとする
!! POINT 顔は正面を向いて

♩=120　ヒョコヒョコかろやかに

おまるのまるおくん

作詞／新生瑠人・小澤直子
作曲／新沢としひこ

1 お まる　まるまる　おまる　まるまる　きょうは　おまるのまるおくん　てんきが
4 お まる　まるまる　おまる　まるまる　きょうは　べんきのべんたろう　おまるの

いいので おさんぽだ　　　おしり ふりふり あるいて いくと　おいけん
まるおと おさんぽだ　5て とて を とり あい ひとり ひとり　しゃがん

4 ♪おまるまるまる　おまる〜

1のポーズで、お散歩を続ける。

5 ♪てとてをとりあい〜

友だちと2人1組になって立ち上がり、"ギュッ"で手をつなぐ。

6 ♪おしり　フッフッ〜

交互にしゃがんで、息をはきながら屈伸運動。

7 ♪パタパタパタパタ〜

立ち上がって、チョコチョコと好きな方向に歩いていき、"ポチャン"でしゃがむ。

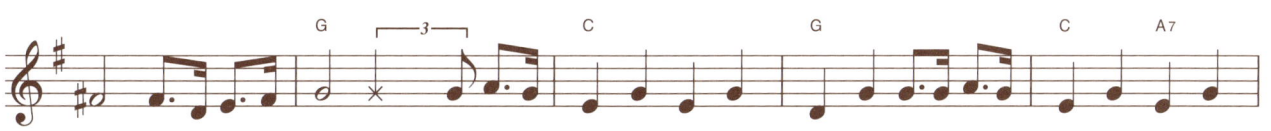

© ASK MUSIC Co.,Ltd

のりものトランスフォーム！

すわって前進・後進

かんたん

▶股関節をやわらげ、背骨と腰の力をつける

電車、ヨット、紙ひこうき…
3種類の、のりものに次々と
トランスフォーム（変形）！
なかよく並んで行進すれば
よりいっそう楽しめます。

1 準備
「トランスフォーム！」と言いながら、かっこよくヒーローポーズを決める。

2 ♪カシャカシャカシャ～
手を前に出してしゃがむ。片方の足を前へのばす。もう片方の足も前へ。これで電車ポーズの完成。

3 ♪でんしゃででんしゃで～
電車ポーズのまま足を交互に前へ出して進んでいく。

4 ♪うしろに～
3と同じ要領で、後ろに下がっていく。

のりものトランスフォーム！

作詞／新生璃人・小澤直子
作曲／増田裕子

♩=124　ズンズン進む感じで

2 カシャカシャカシャ	でんしゃに へんけい	3 でんしゃででんしゃで　ポッポッポ　でんしゃででんしゃで　ポッポッポ
5 トンテンカン	ヨットにはやがわり	6 ヨットでヨットで　よっとっと　ヨットでヨットで　よっとっと
8 おりおりおり	かみでひこうき	9 とんでとんで　スイスイスイ　とーんでとーんで　スイスイスイ

5 ♪トンテンカン ヨットに〜

電車ポーズから始め、片足を手前に折る。もう片方の足も折る。足首を手で持ち、ヨットポーズの完成。

6 ♪ヨットでヨットで〜

足首を前に出し、おしりを引き寄せる。これをくり返しながら前に進む。

7 ♪うしろにうしろに〜

同じように後ろへ進む。

8 ♪おりおりおり かみで〜

片方の足を後ろに折る。もう片方も同様に。足首を手で持って、紙ひこうきポーズの完成。

9 ♪とんでとんで〜

左右の足を交互に出して前へ進む。

10 ♪うしろにうしろに〜

同じように後ろへ進む。

11 （終わり）

最後に「トランスフォーム！」と言いながら立ち上がり、**1** のポーズをする。

Gm	C	Gm	C	F

4 うしろにうしろに　　ポッ ポッ ポッ　　うしろにうしろに　　ポッ ポッ ポッ　　（おなかすいたな えきべんください）
7 うしろにうしろに　　よっとっと　　うしろにうしろに　　よっとっと　　（かもめときょうそう そらをとびたいな）
10 うしろにうしろに　　スイ スイ スイ　　うしろにうしろに　　スイ スイ スイ　　（あめんぼといっしょに またスイムしよう）

©ASK MUSIC Co.,Ltd

小澤直子 × 新沢としひこ 対談

イメージが体を動かす

【新沢】子どもたちって、"まねっこあそび"が好きですよね。動物のまねとか、すぐにいろんなものになりきれちゃう。それがまたうまいんですよ。「たこになってみよ〜！」とかいうと、すぐに口をとがらせて、手足をグニャグニャさせたりして。イメージ力が豊かっていうのかな…。

【小澤】ヨガには動物や自然界のものを模倣したポーズがたくさんあるから、"まねっこあそび"の延長で、楽しく遊んでほしいですね。人間は脳の生き物だから、イメージが持てるかどうかで体の動きが全然違ってきます。「わたしは木」の立ち木のポーズにしても、窓をあけて実際の木を見るだけで、体が安定してきて、ポーズがしっかりとれるようになるんですよ。

「両手両足をついて背中をのばしましょう」というよりも、「ねこになってのびをしてみよう！」といったほうが、子どもはすぐにイメージできますからね。大人だと、なかなかそうはいかない。子どもがイメージ力をはたらかせ、心からねこになりきっている様子を、見習ってほしいですね。

そうね。大人はすぐに論理的に考えてしまいがちだから。イメージ力は子どもの方がずっと優れていますよ。知識の積み上げが少ない分だけ、感じることが豊かなのです。その力をうまく利用して、これらのあそびを行なってほしいですね。

今回、曲を作るにあたっても、そこを一番に意識したんですよ。模倣するものをより楽しくイメージできるように、いろんなものになりきって、あそび心を刺激しながら楽しめるようにとね。

音楽は、イメージ力を喚起させるのに、最もよい手段だと思います。それに、呼吸のリズムを引っぱっていってくれるから、うたがつくことで、体はずっと動きやすくなります。新沢さんが、子どもでもすぐに口ずさめる素敵な曲をいっぱい作ってくださったから、ヨガ本来の効果をそこなわず、楽しく遊べると思いますよ。音楽脳が刺激されるのもとてもいいことです。軽快な音楽を聴いていると、体が左右に揺れてきたりするでしょ？　そんな感覚で楽しく遊べるといいですね。

音楽が一緒になることで、その曲のテンポや曲調から、長い呼吸、短い呼吸などの使いわけもわかりやすくなりましたよね。

それが今回、ほぐしあそびうたを作った一番大きな意味だと思う。ヨガで最も大切なのが呼吸だけれど、それを子どもに教えるのは、かなり難しい。でもうたがつくと、うたを歌うことによって、自然に息がはけるようになるから、呼吸法がかんたんになる。あそびとしてヨガをするのに、音楽はとてもいい効果を果たしてくれると思いますよ。

chapter 2
ほぐしあそびでリラックス

心と体、くつろげていますか？
緊張で体をこわばらせている子
睡眠不足でぼーっとしている子…
そんな子がいたら、ほぐしあそびで十分に
体をリラックスさせてあげましょう。

すごくかんたん　かんたん　ちょっとがんばれ！

ぐにゃぐにゃビート

▶ 体をリラックスさせる

ロックのリズムにのって、体を思いっきりぐにゃぐにゃさせてみましょう。
首や肩の緊張がとれ、体がリラックスしてきます。ストレス解消にもオススメ！

1　♪1番（てだけで）
リズムにあわせて、手首から先をぐにゃぐにゃさせる。

4　♪4番（じょうはんしん）
腰から上、上半身全体をぐにゃぐにゃさせる。

2　♪2番（うでごと）
腕全体をぐにゃぐにゃさせる。

3　♪3番（うでかた）
腕全体と、肩までをぐにゃぐにゃさせる。

5 ♪5番（あしまで）
上半身に加え、足もぐにゃぐにゃさせる。

7 ♪7番（ぜんぶが）
走りながら、さらに全身をぐにゃぐにゃさせる。

6 ♪6番（はしるよ）
そのまま、ぐにゃぐにゃと走りだす。

8 ♪はい おしまい！
さいごの"おしまい"でピタリと止まる。

ぐにゃぐにゃビート

作詞／小澤るしゃ・小澤直子
作曲／新沢としひこ

♩=122　のりのりロックで

C6　　　　　　　　　　　　　　　　　　　　　　　C6

1 ぐにゃぐにゃぐにゃぐにゃ　ぐにゃぐにゃー　てだけでぐにゃぐにゃ　ぐにゃぐにゃー
2 ぐにゃぐにゃぐにゃぐにゃ　ぐにゃぐにゃー　うでごとぐにゃぐにゃ　ぐにゃぐにゃー
3 ぐにゃぐにゃぐにゃぐにゃ　ぐにゃぐにゃー　うでかたぐにゃぐにゃ　ぐにゃぐにゃー
4 ぐにゃぐにゃぐにゃぐにゃ　ぐにゃぐにゃー　じょうはんしんぐにゃぐにゃ　ぐにゃぐにゃー
5 ぐにゃぐにゃぐにゃぐにゃ　ぐにゃぐにゃー　あしまでぐにゃぐにゃ　ぐにゃぐにゃー
6 ぐにゃぐにゃぐにゃぐにゃ　ぐにゃぐにゃー　はしるよぐにゃぐにゃ　ぐにゃぐにゃー
7 ぐにゃぐにゃぐにゃぐにゃ　ぐにゃぐにゃー　ぜんぶがぐにゃぐにゃ　ぐにゃぐにゃー

8 はいおしまい！

©ASK MUSIC Co.,Ltd

すごくかんたん かんたん ちょっとがんばれ！

忍び足忍者

▶ 膝と足首をやわらげる

忍者ごっこで遊びましょう。敵のお城に忍びこんだ忍者が、音をたてずにそろりそろり…。そんなイメージをふくらませていくと、体が自然とやわらかい弾力のある動きへと変化していきます。

1
♪あしおとたてずに あるく〜

忍者になりきって、足音をたてずにそろりそろりと歩く。（忍法：忍び歩き）

!! POINT 腰をやや落として
!! POINT 足首をやわらかく

忍者らしいメロディーにしようと思ったら、やっぱりこのような暗めの曲ができあがりました。忍者の秘密めいた雰囲気を出して、ひそひそ小声で歌ってほしいですね。

2
♪あしおとたてずに はしる〜

足音をたてずに、さささっと走る。（忍法：忍び走り）

!! POINT 歩幅を小さく

忍び足忍者

作詞／新沢としひこ・小澤直子
作曲／新沢としひこ

♩ = 80　忍び足の速さで

1 あしおとたてずに　あるくでござる　ぬきあしさしあし　しのびあし
2 あしおとたてずに　はしるでござる　しずかにしずかに　しのびばしり
3 あしおとたてずに　ジャンプでござる　いちにのさんし で　しのびジャンプ

©ASK MUSIC Co.,Ltd

3 ♪あしおとたてずに ジャンプで〜

忍び歩きで何歩か歩いた後、"ジャンプ"のところで、音をたてずにジャンプする。
（忍法：忍びジャンプ）

!! POINT 腰を落とす

!! POINT 深くかがんで、着地のショックをやわらげる

バリエーション

【いろんな忍法で遊んでみよう】

みんなでいろいろな忍法を考えてみましょう。敵に見つからないように気をつけて！

● 忍法：かくれんぼの術

「ぼくかべだよ〜。」
「ぺたっ」
「しずかにしーずかにー」

壁や地面になりきって息をひそめる。体の力をぬいて、静かに呼吸しましょう。

ふわりふわりと忍者になりきって

　発表会の演目にもぴったり！ 子どもたちに人気のほぐしあそびです。

　しっかり忍者になりきれば、うまくいきます。とにかく音をたてないように動くこと。ふわりふわりと、やわらかく走ったりジャンプしたりすることで、膝と足首の弾力がついてきます。

　足首がかたい子は、ジャンプするときにドスンドスンと音をたててしまいます。そういう子は、「ふわり、ふわり」と言いながらジャンプするといいでしょう。なれてきたら、「ふーっ、ふーっ」と息をやわらかくはくように、教えてください。無理に高くとぶ必要はありません。やわらかくとぶことで重心が下がり、首や肩の緊張がとれてきます。

　しっかり忍者になりきることができたら、それをふだんの生活のなかでもいかしましょう。たとえば、教室から教室へ移動するときに「忍者になって歩くよ」と誘えば、静かに歩くことを子どもたちも楽しむことができます。

すごくかんたん　かんたん　**ちょっとがんばれ！**

笑いの時間
▶首・肩の力をぬき、腹圧を高める

心と体をリラックスさせるのに、笑いは一番の特効薬。みんなで元気に笑ってみましょう。
腹筋運動と背骨の刺激も同時に行えて、いいことづくしです。

1 ♪これからいまは　わらいの〜
足をのばしてすわり、手が床と平行になるように前に出す。リズムにあわせて、息をはきながら、手を上下に動かす。

!! POINT　手のひらを下に向ける

!! POINT　背すじをのばして床と背中が45度くらいになるように

!! POINT　かかとを前につき出す

2 ♪ワッハッハー　ウッフッフ〜
"♪ワッハッハー"でおなかに手をあて、"♪ウッフッフー"で口に手をあて、笑う。

笑いの時間

作詞／小澤るしや・小澤直子
作曲／増田裕子

♩=124　ウキウキかろやかに

1 これからいまは　わらいのじかん　2 ワッ ハッ ハー　ウッ フッ フー
3 これからいまは　わらわすじかん　4 ツン ツン ツン　ツン ツン ツン
5 これからいまは　みんなでわらう　6 アッ ハッ ハー　アッ ハッ ハー

ワッ ハッ ハー　ウッ フッ フー　アッ ハッ ハッ ハッ　7 はい　おし　まい！
こ　ちょこ　ちょ　こ　ちょこ　ちょ

©ASK MUSIC Co.,Ltd

3 ♪これからいまは　わらわす～

1と同じようにして、息をはきながら手を上下に動かす。

4 ♪ツンツンツン　ツンツンツン～

となりの人を交互に、"♪ツンツンツン"でつついて、"♪こちょこちょ"でくすぐる。

5 ♪これからいまは　みんなで～

息をはきながら手を上下に動かす。

6 ♪アッハッハー　アッハッハ～

うたにあわせて笑いながら、おなか→肩→頭の順に、4回ずつたたいていく。

7 ♪はい　おし　まい！

頭→肩→ひざの順に、1回ずつたたいて、おしまい。

すごくかんたん　かんたん　**ちょっとがんばれ！**

ひっぱりっこ
▶ 背面をのばす

シーソーのように、かわりばんこに"ひっぱったり""ひっぱられたり"しながら、背面をやさしくのばしていきます。相手をいたわりながら、ゆっくりと行ってくださいね。

1 ♪ひっぱったら　ひっぱられた〜

向かいあって手をつないですわり、足の裏をあわせる。息をはきながら、うたにあわせて交互に引っぱりあう。

★足を交代して、もう1度くり返しましょう。

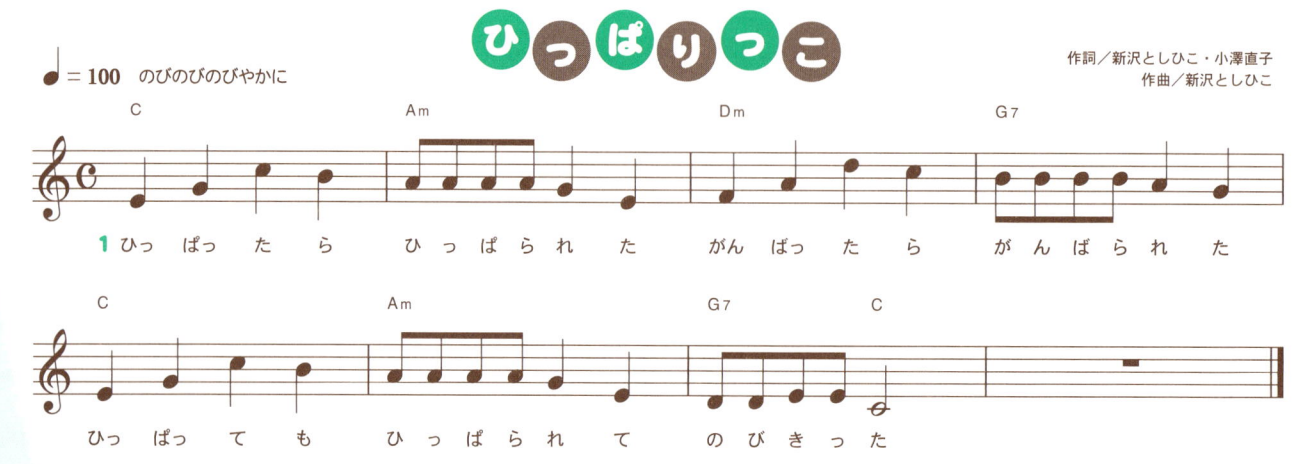

POINT
1人がたてひざ
もう1人は足をのばす

※手をひっぱるのと同時に、相手の足をグイッと押して、アキレス腱をのばしてあげましょう。

ひっぱりっこ

作詞／新沢としひこ・小澤直子
作曲／新沢としひこ

♩=100　のびのびのやかに

1 ひっ ぱっ た ら　ひっ ぱ ら れ た　がん ばっ た ら　がん ば ら れ た
ひっ ぱっ て も　ひっ ぱ ら れ て　の び き っ た

©ASK MUSIC Co.,Ltd

バリエーション

【体のやわらかさに合わせて…】

体のかたい子、やわらかい子、いろんな子どもがいるので、その子の体にあわせて一番気持ちのいいやり方で行いましょう。

●体がやわらかい2人のときは…
両方が足をのばしてすわり、引っぱりあう。

●かたい子2人のときは…
どちらもひざを曲げる。足裏を交互にしっかりと押しあい、相手のアキレス腱をのばすことに重点を置く。

●足をひらいてもいいよ…
足をひらいてひっぱりあう。背筋をのばすのと足の内側をのばすのが同時に行える。

無理してひっぱらないよう気をつけて！

最近は猫背姿勢の人が多く、大人も子どもも、背面が縮みやすくなっています。前かがみの姿勢になると背中がまるまり、あごが上がってきます。そのため、首の後ろ、腰、ひざの後ろ、アキレス腱といった体の背面部分が縮んでくるのです。

それに老化現象が加わると、背丈まで縮んできます。そうなる前に、みんなが苦手な"背面のばし"を楽しく遊べないものかと思い、「ひっぱりっこ」を作りました。子どものころから、なんとか足の裏の筋肉をのばしたいものです。

背面、とりわけアキレス腱をのばすと、体全体の血流がよくなります。肩こりのある人は、すでに首にうっ血がありますが、アキレス腱も縮んでいる人が多いのです。

ただし、無理は禁物。得意な子とそうでない子の差が出てくるので、バリエーションを参考に、体のやわらかさにあわせて楽しく遊んでください。

| すごくかんたん | かんたん | ちょっとがんばれ！ |

夜です おやすみ

▶ くつろぎのポーズ

夜になったら眠り、朝になったら起きるという、あたりまえの生活習慣をあそびにしました。
宵っぱりで生活のリズムが乱れがちな現代の子どもに、ぜひやってもらいたいあそびの1つです。

1 ♪よるです おやすみ～

それぞれが楽なすわり方ですわる。うたが始まったら、あくびをしながら大きくのびをする。

2 ♪おやすみ スーフ～

あおむけに寝ころび、「くつろぎのポーズ」をする。

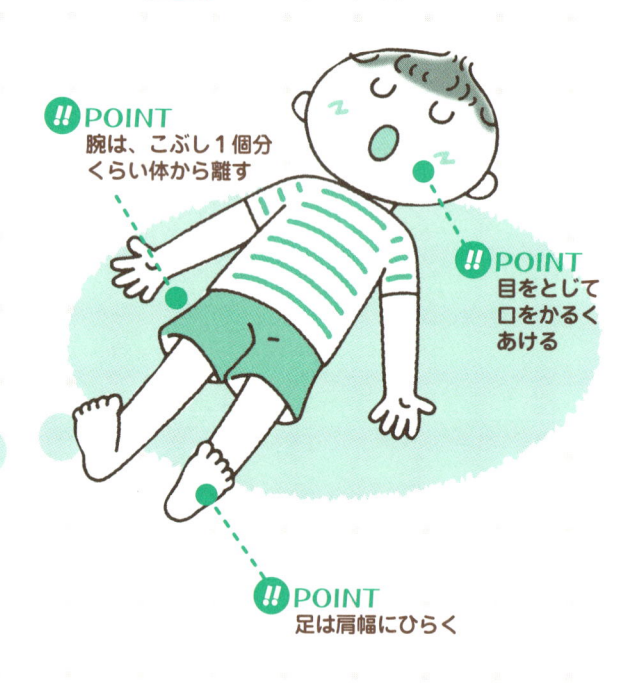

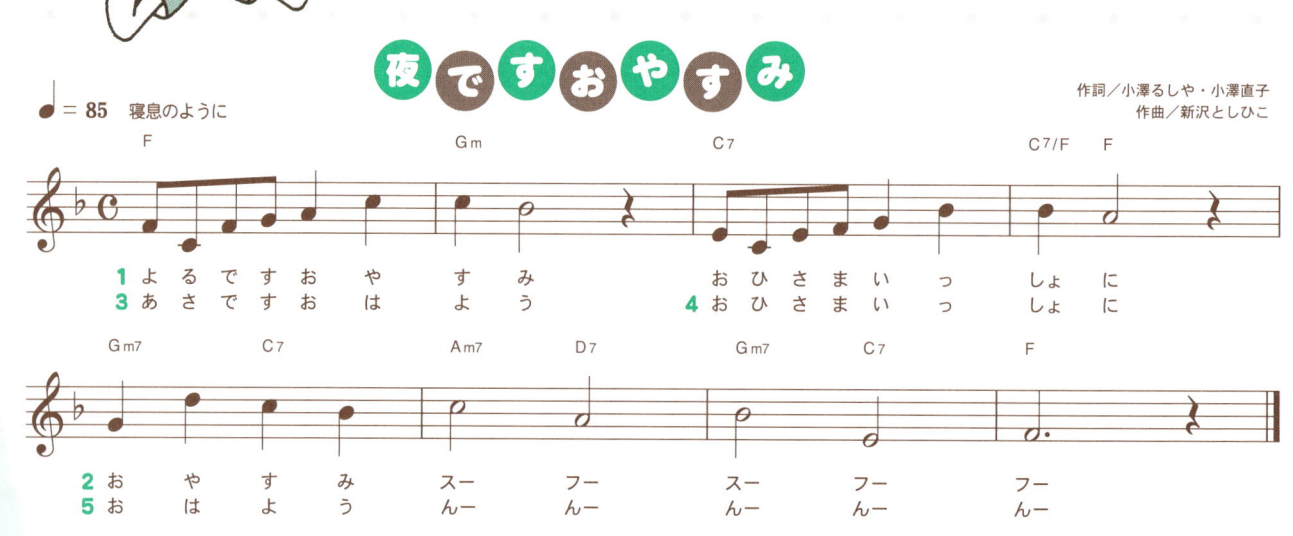

!! POINT 腕は、こぶし1個分くらい体から離す

!! POINT 目をとじて口をかるくあける

!! POINT 足は肩幅にひらく

夜ですおやすみ

作詞／小澤るしや・小澤直子
作曲／新沢としひこ

♩=85　寝息のように

F　　Gm　　C7　　C7/F　F

1 よるですおやすみ　おひさまいっしょに
3 あさですおはよう　4 おひさまいっしょに

Gm7　C7　Am7　D7　Gm7　C7　F

2 おやすみ　スーフー　スーフー　フーン
5 おはよう　スーン　フーン　フーン

©ASK MUSIC Co.,Ltd

3 ♪あさです おはよう〜
あおむけのまま、大きくのびをする。

5 ♪おはよう んーん〜
あくびをしながら、大きくのびをする。

4 ♪おひさまいっしょ〜
両ひざを立てて、両手バンザイで、スッと起き上がる。

昼と夜の切りかえを よくして、心身のバランスを

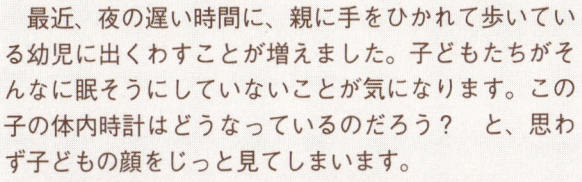

　最近、夜の遅い時間に、親に手をひかれて歩いている幼児に出くわすことが増えました。子どもたちがそんなに眠そうにしていないことが気になります。この子の体内時計はどうなっているのだろう？　と、思わず子どもの顔をじっと見てしまいます。
　大人の夜ふかしが、まだ体の機能が未成熟な子どもの睡眠時間を阻害するのは、大問題です。
　このあそびは、夜眠ることの大切さと、朝の光でのびをして起きることの大切さを、体感するあそびです。「♪よるです おやすみ〜」のところで、大きなあくびをして、昼間の活動の疲れをとるための、のびをうながし、眠り（くつろぎ）に誘います。
　「♪あさです おはよう〜」では目をぱっちりとひらき、大きなのびをして起き上がります。朝の体ののびは、覚醒をうながします。
　昼間に活動するときは、交感神経のはたらきが活発になり、夜ぐっすり眠るときは、副交感神経のはたらきが活発になります。朝、寝不足のせいか、ぽーっとしている子どもは、この2つの神経の切りかえスイッチがうまくはたらいていないのです。このあそびで寝たり起きたりをコントロールすることができるようになると、自律神経のはたらきがよくなります。
　また、子どもたちがはしゃぎすぎて交感神経が活発になりすぎたとき、クールダウンさせるのにも活用できます。

すごくかんたん　**かんたん**　ちょっとがんばれ！

ふうせん呼吸

▶ 腹式呼吸の基本

おなかを風船のようにふくらませて遊ぶことで、腹式呼吸の練習をします。
この本のすべてのあそびは腹式呼吸で行われるので、このあそびで、ぜひマスターしてください。

1 ♪ふうせんつくるよ　いきすって〜

ひざを立ててあおむけになる。ゆっくりと鼻から息をすって、おなかを風船のようにふくらませる。

!! POINT 足は肩幅にひらく

!! POINT 肩の力をぬいてリラックス

!! POINT 下腹部を十分にふくらませる

歌うときにも腹式呼吸はとても大切です。このあそびをするうちに、呼吸力が身について、きっとみんな、声が大きくなって、うたも上手になりますよ。

2 ♪ふうせんつぶすよ〜

鼻と口、両方で息をはきながら、おなかをぺしゃんこにつぶす。

!! POINT ろうそくの火を吹き消すように

ふうせん呼吸

♩=136　何度か歌ったらもう少しゆっくりテンポにも挑戦

作詞／小澤るしや・小澤直子
作曲／新沢としひこ

1 ふうせん　つくるよー　いきすって　2 ふうせん　つぶすよー　いきはいて　ふーーふー

©ASK MUSIC Co.,Ltd

バリエーション

【呼吸と発声のあそび】

おなかから息をはく要領で、大きな声を出して遊びましょう。山に登ったようなつもりになって、声を遠くへ届かせるようにイメージしてください。

1 足を肩幅にひらいて立つ。

2 片方の足を1歩前に踏み出す。同時に両手を大きく広げ「あ〜」と、できるだけ長く発声する。反対の足でも同様に。

3 同じく足を1歩踏み出し、両手を口の横にあて、「お〜」と、できるだけ長く発声。反対の足でも同様に行う。

呼吸コントロールで感情のコントロールを

呼吸には、「すう」「はく」「止める」の3種類があります。わたしたちはふだん意識することなく、この生理呼吸を行っていますが、実はその何でもない呼吸が、心や体の状態と深くかかわっているのです。そのことについて、少し考えてみましょう。

たとえば、何かをじっと見つめるとき、わたしたちは息を止めています。「あれは何だろう」と耳をすますときも息を止めています。このように、「止める」呼吸は、集中するときの呼吸といえるでしょう。

では、はく呼吸に力が入っているのは、どんなときでしょう？ 何か楽しいことを思い浮かべて、笑ってみてください。体がやわらぐのがわかりますか？ 笑うと自然に息をはくことができるので、顔の筋肉がほぐれ、肩の力もぬけて体がやわらぎます。

つまり、「はく」呼吸は、リラックスするときの呼吸ともいえるのです。

反対に、怒るとすう息に力が入り、首や肩が緊張して、体がかたくなります。悲しいときや不安なときも同じで、すう息に力が入り、息がはきにくくなっています。「すう」呼吸は、緊張するときの呼吸なのです。

つまり、子どもが、どの呼吸に力を入れているかがわかれば、その呼吸をコントロールしてあげればよいのです。

たとえば、怒りっぽくなっていたり、めそめそしたりしているときは、意識的に息をはかせてあげれば、心も体もやわらげることができます。緊張してあがりそうになったときも、息をはかせてあげると、首や肩の力がぬけ、心を落ちつかせることができます。

「ふうせん呼吸」で、ゆっくりと息をすったりはいたりできるようになった子どもは、落ちつきが出てきます。また、おなか全体をふくらませたりへこませたりできるようになれば、肋骨がひらき、内臓下垂を防ぎます。

すごくかんたん　かんたん　ちょっとがんばれ！

巻き寿司コロコロ

▶ 疲労回復

親子で楽しく、ほぐしあそびはいかがでしょうか。巻き寿司を作る要領でコロコロと腕を転がせば、日頃の疲れなど吹き飛んでしまいそうです。もちろん子どもどうしで遊んでも十分楽しめますよ。

1 ♪まきずしつくろう　コロコロ〜

1人がうつぶせになり、片方の手を横に出す。もう1人はうたにあわせて、コロコロと腕を転がしていく。

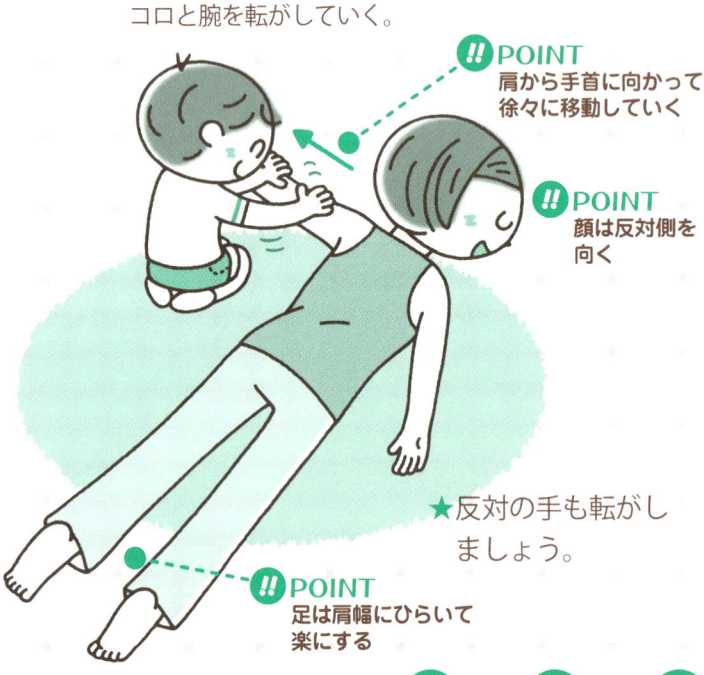

!!POINT　肩から手首に向かって徐々に移動していく

!!POINT　顔は反対側を向く

!!POINT　足は肩幅にひらいて楽にする

★反対の手も転がしましょう。

2 ♪ふとまきつくろう　コロコロ〜

同じようにして、足も転がす。あわてずに、ゆっくりと転がそう。

!!POINT　顔は反対側を向く

!!POINT　太ももから足首の方向に

★反対の足も転がしましょう。

巻き寿司コロコロ

作詞／小澤るしや・小澤直子
作曲／新沢としひこ

♩=110　太巻きはやや遅めで

1 まきずしつくろう　コロコロ　コロコロコロコロ　やさしくね
2 ふとまきつくろう　コロコロ　コロコロコロコロ　おおきいぞ

まだまだつくろう　コロコロ　コロコロコロコロ　いきはいて
まだまだつくろう　コロコロ　コロコロコロコロ　いきはいて

©ASK MUSIC Co.,Ltd

すごくかんたん かんたん ちょっとがんばれ！

足裏ふみふみ

▶ 疲労回復

うたにあわせて楽しく足を踏むだけで、足ツボを刺激し、血行をよくしていきます。
強く踏みすぎないように、「痛くないですか？」「気持ちいいですか？」と会話しながら遊んでください。

1 ♪（1番）あしうらふみふみ〜

1人がうつぶせになり、体を楽にする。
もう1人は前を向いて、うたにあわせて
足裏をやさしく踏んであげる。

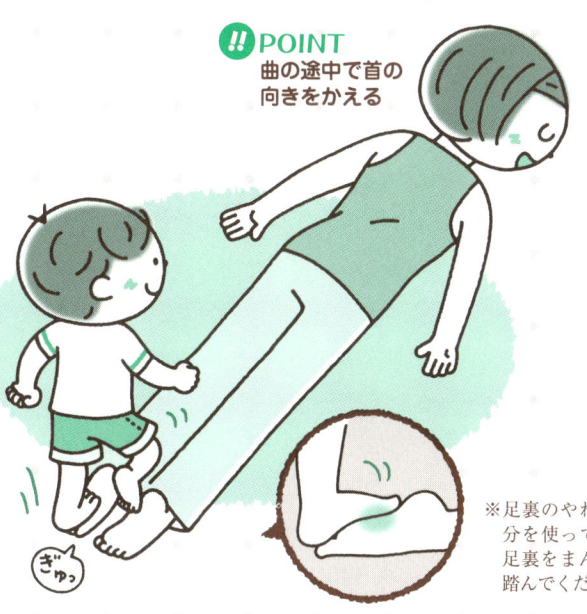

!! POINT 曲の途中で首の向きをかえる

※足裏のやわらかい部分を使って、相手の足裏をまんべんなく踏んでください。

2 ♪（2番）あしうらふみふみ〜

同じようにして、今度は後ろ向きになり、
かかとを使って踏んでいく。

!! POINT 曲の途中で首の向きをかえる

※かかとのかたい部分を使って踏んでいきます。

足裏ふみふみ

作詞／小澤るしや・小澤直子
作曲／新沢としひこ

♩=78　足踏みのテンポで

1 あしうらふみふみ　いたしましょう　やさしくやさしく　きもちよく
2 あしうらふみふみ　いたしましょう　あしゆびごほんに　つちふまず

ふっ ふっ ふっ ふっ　ふっ ふっ ふっ　（つよすぎませんか？）　※へんじ
ふっ ふっ ふっ ふっ　ふっ ふっ ふっ　（きもちいいですか？）　※へんじ

©ASK MUSIC Co.,Ltd

対談 小澤直子 × 新沢としひこ

くつろぐことが大事

【小澤】最近、コンビニなどで、夜遅く小さな子どもを連れて歩いている人を見かけますが、あれは心配ですよね。昼は起きて活動し、夜はしっかりと眠る。そういう生物としてあたりまえの習慣を、子どものうちから乱してしまっては、自律神経のはたらきが悪くなり、脳のはたらきまで悪くなってくるのは目に見えていますから…。

昼間活動するときは交感神経、夜休むときは副交感神経という、2つの神経のバトンタッチがスムーズだと、集中力も高まり、疲れにくいバランスのとれた体を作ることができるというのに。本当にもったいないと思いますよ。

【新沢】健康な子って、そのスイッチの切りかえがすごく明確なんですよね。さっきまで元気に遊んでいた子が、コテッとお昼寝に入っちゃって、ああ今この子は副交感神経が働いているんだなぁ…と思うと、パチッと目を覚ましてすぐに元気に遊びだす。活動しているときとリラックスしているときの針の振れ方がはっきりしているというのかな。それが本来の人間の姿なんだろうけど…。

脳でも体でも、その力を高めようとするときに、ついつい鍛えることばかりを考えてしまうけれど、くつろぐことぬきでは、バランスがとれないように体はできているんです。でも、くつろぎ方なんて、だれも教えてくれないでしょ？

今は本当にくつろぐことが難しい時代ですよね。テレビとかパソコンとか携帯とか、いつも脳がパチパチしているような状態で、ゆったり眠ることもできなくなっている気がします。子どもも大人も、もっとしっかり眠って、しっかりくつろぐ方法を知る必要がありますよね。

大人はある程度仕方がないことだけれど、それに子どもを巻き込んじゃいけないですよね。自律神経のはたらきが悪いと、体が緊張して血行も悪くなり、体温まで下がってきます。手足の冷たい子や、緊張している子、体がこわばっている子は、睡眠不足からそうなっている場合も多いんです。

そういう子には、ぜひ2章をやってほしいですね。体をぐにゃぐにゃとほぐしたり、力いっぱい笑ってリラックスしたり、「夜ですおやすみ」なんて、まさに自律神経のはたらきを高めるためのあそびですからね。子どもだけでなく、大人にもぜひやってほしい！

くつろぐこと、緊張をほぐすことをテーマに集めたのが、第2章です。シンプルなあそびですが、それがいいんです。これらのあそびは、行事の前後や、年度始めで、子どもたちが緊張しがちなときに、特におすすめです。

chapter 3
基本メソッドで遊ぶ

毎日でもやりたい、アートヨガで大切な基本メソッドに
うたをつけて、子どもでも楽しめるあそびにしました。
指先から順番にほぐしていくことで
体全体を心地よく刺激し
しなやかで丈夫な体を作ります。

基本メソッド 01
呼吸の練習

すごくかんたん かんたん ちょっとがんばれ！

ふーふーストロー

呼吸の練習をあそびにしたものです。
短いストロー、長いストロー…
いろいろなストローを作って遊んでみてくださいね。

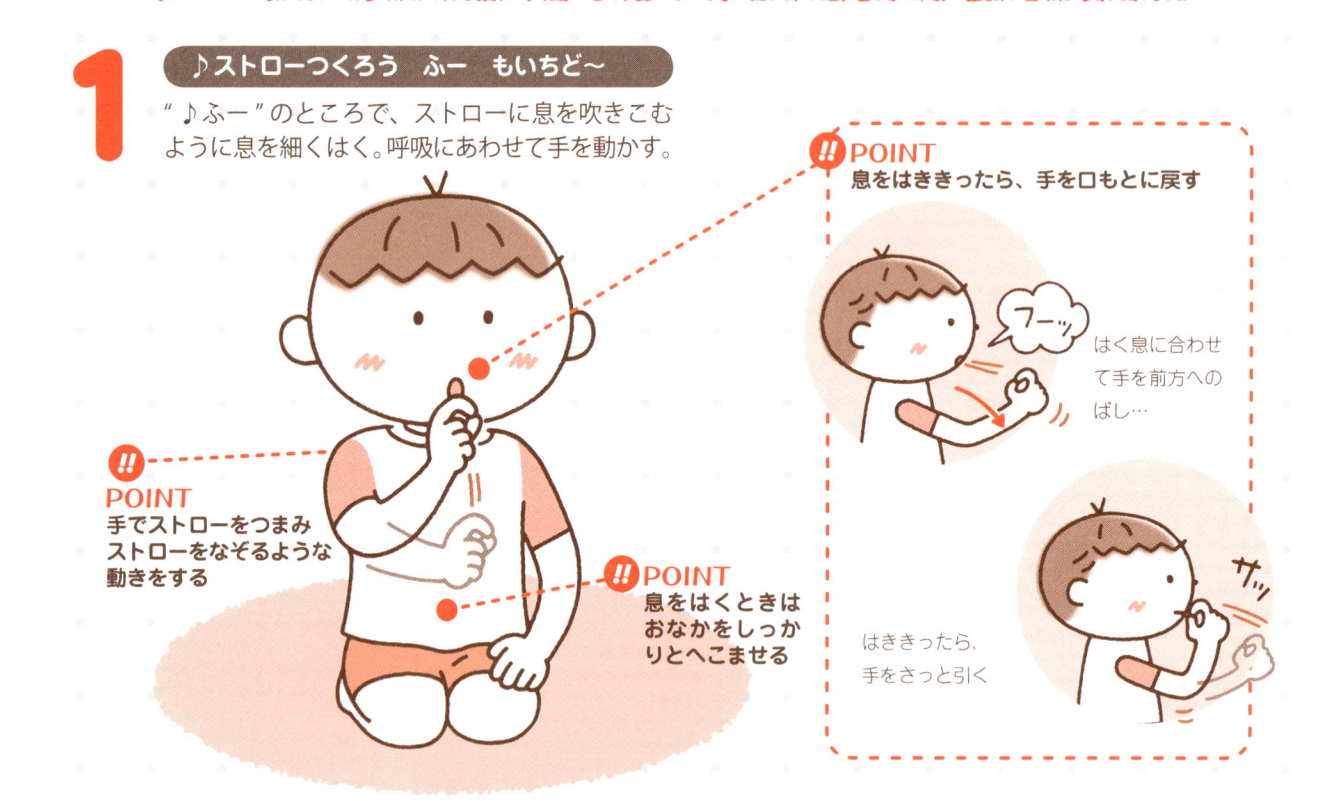

1

♪ストローつくろう　ふー　もいちど〜

"♪ふー"のところで、ストローに息を吹きこむように息を細くはく。呼吸にあわせて手を動かす。

!! POINT
息をはききったら、手を口もとに戻す

はく息に合わせて手を前方へのばし…

はききったら、手をさっと引く

!! POINT
手でストローをつまみストローをなぞるような動きをする

!! POINT
息をはくときはおなかをしっかりとへこませる

ふーふーストロー

作詞／小澤るしや・小澤直子
作曲／新沢としひこ

♩= 128　軽快に

| | C | Cdim | C | C | Cdim |

1 ス　ト　ロー　つ　く　ろ　う　ふ　ー　　　も　い　ち　ど　つ　く　ろ　う
2 み　じ　かい　ス　ト　ロー　ふっ　ふっ　　も　も　い　ち　ど　ふ　っ　ふ　っ
3 な　が　ーい　ス　ト　ロー　ふ　ー　　　ど　こ　まで　も　ふ　ー　ー　ー

| C | C | Dm | C |

ふ　ー　　　ス　ト　ロー　ふー
ふっふっ　ふっ　　み　じ　かく　ふっ
ー　　ー　　　な　ー　がく　ふーーーー

©ASK MUSIC Co.,Ltd

2 ♪みじかいストロー　ふっふっ～
息を短く、勢いよくはいて、短いストローを作る。

3 ♪ながーいストロー　ふーー～
長い息をはく。最後の"♪ふーー"では、息が続くだけ、長いストローを作る。

呼吸と動作があうと体がやわらぎ動きやすくなる

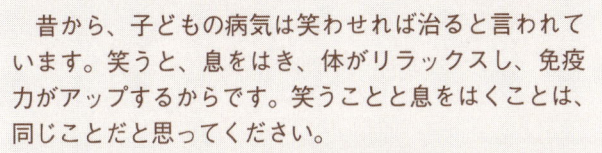

　昔から、子どもの病気は笑わせれば治ると言われています。笑うと、息をはき、体がリラックスし、免疫力がアップするからです。笑うことと息をはくことは、同じことだと思ってください。

　そして、6ページの「ヨガで遊ぶ前に…」にも書いたとおり、この本に出てくるあそびは、ほとんどが息をはきながら行います。

　でも、緊張している子どもは、なかなか息がはけません。そんなとき、この「ストローあそび」で遊ぶと、うまく息がはけるようになります。

　このあそびは、呼吸と動作をあわせる、よい練習になるでしょう。

　速い動きのときには速い呼吸を、ゆっくりした動きのときにはゆっくりした呼吸をすると、体がやわらぎ、動きやすくなります。

　運動が苦手だという子は、ほとんどの場合、呼吸と動作があっていないことが多いものです。呼吸と動作があえば、転んだときなど、とっさの場合の動きもよくなるので、けがが少なくてすみます。

　また、この「ふーふーストロー」で遊んだあとは、声が出やすくなるので、うたを歌う前に遊ぶとよいでしょう。45ページの「呼吸と発声のあそび」の前に行うのもよいですね。

　「なが～いストローを作ってみよう！」と声をかければ、子どもたちはおもしろがって、かなり長く息をはくことができるでしょう。

基本メソッド 02
手の指を
そらす

すごくかんたん　**かんたん**　ちょっとがんばれ！

手の指そらそう

指をそらして、手と脳の緊張をほぐすあそびです。
親指くん、人さし指くん、中指くん…というように
1つ1つ愛情こめて、ていねいにほぐしてあげましょう。

1

♪おやゆびくんそらそう　フーッ～

右手を前に出す。左手で親指を下からつかみ、
"♪フーッ"のところで、息をはきながら指を
そらせる。他の指も順番にそらしていく。

電車に乗ってすわったとき、ベンチに腰を下ろしたとき、思い出したように、ぼくはこのほぐしあそびをします。かんたんだし、気持ちがよいです。

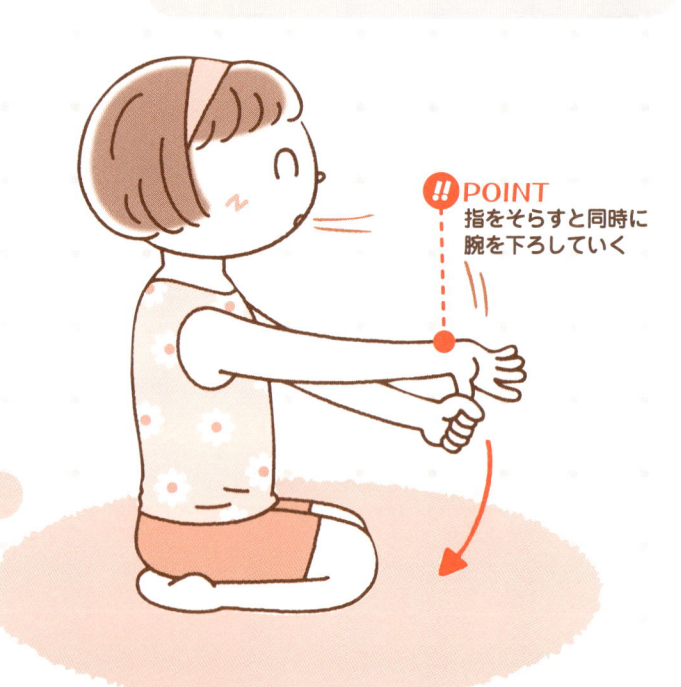

!POINT
指をそらすと同時に
腕を下ろしていく

!POINT
背筋をのばす

手の指そらそう

作詞／新沢としひこ・小澤直子
作曲／新沢としひこ

♩=108　せわしなくならないように

	1	2	3	4
F	おやゆびくんそらそう フーッ	おとーさんゆびを フーッ	おとーさんねこが ニャー	おとーさんぶたが ブー
Gm				
C7	ひとさしゆびくんそらそう フーッ	おかあーさんゆびを フーッ	おかあーさんねこが ニャー	おかあーさんぶたが ブー
F	なかゆびくんそらそう	おにーさんゆびを	おにーさんねこが	おにーさんぶたが

指をほぐせば 頭もほぐれる

手は脳との関係が深いところです。運動野と呼ばれる、体を動かす脳の指令所の、3分の1もの領域が、手の動きのために使われています。

そのため、手を使うことは、手のはたらきをよくするだけではなく、脳のはたらきをよくすることにもつながるのです。

人間の脳は、道具を使うことで、さらに発達してきたといわれています。しかし逆に、使いすぎて手がこわばると、脳も緊張してしまいます。

息を「フーッ」とはきながら遊ぶ、"手の指そらし"は、手をやわらげ、脳の緊張をとり、リラックスさせるのによいあそびです。

手のこわばりがとれると、手の血行もよくなります。しもやけができやすい子や、手が冷たくて血行が悪い子に、冬がくる前から、ぜひ遊ばせてください。

2　♪おとうさんゆびを　フーッ～
1と同じように、左手の指もそらしていく。

3　♪おとうさんねこが　ニャ～
もう1度手をかえて、"♪フーッ"を"♪ニャー"にして、右手の指をそらす。

4　♪おとうさんぶたが　ブ～
手をかえて、"♪ブー"で左手の指をそらす。

| Gm | C7 | | F | G7 | C7 | F |

フー　ッ　　くすりゆびくんそらそう　　フー　ッ　　　こゆびくんそらそう　フー　ッ
フー　ッ　　おねえーさんゆびを　　　　フー　ッ　　　あかちゃんゆびを　　フー　ッ
ニャー　　　おねえーさんねこが　　　　ニャー　　　　あかちゃんねこが　　ミー
ブー　　　　おねえーさんぶたが　　　　ブー　　　　　あかちゃんぶたが　　プー

©ASK MUSIC Co.,Ltd

基本メソッド 03
手と足の指ほぐし

すごくかんたん　**かんたん**　ちょっとがんばれ！

手と足の握手

手と足を使って、いろんな握手をしてみましょう！
利き手、利き足にかかわらず、左右の手足をまんべんなく使うことで
全身のバランスがとれてきます。

1

♪てとてであくしゅで　ルラルラル〜

胸の前で手を組む。手をひらいて指をずらし、反対の手の親指が上にくるように、組みかえる。これをうたにあわせて交互に行う。

このほぐしあそびをすると、なんだか気持ちが落ちついてきます。「手の指そらそう（p.52）」とあわせてやってみることを、ぜひおすすめします。

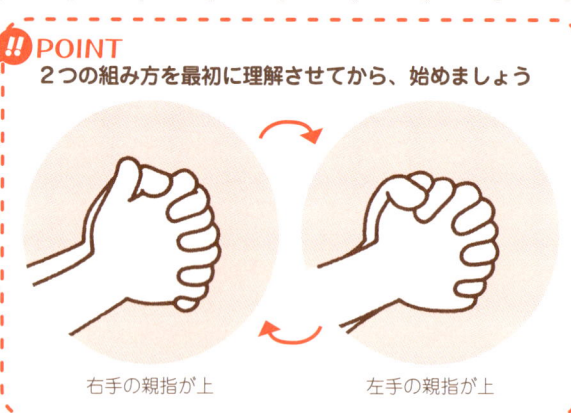

!! POINT
1回1回
息をはいて

!! POINT
肩の力をぬいて

!! POINT
2つの組み方を最初に理解させてから、始めましょう

右手の親指が上　　左手の親指が上

手と足の握手

作詞／小澤るしや・小澤直子
作曲／新沢としひこ

♩=80　のんびりやわらかく

1 て と て で あ く しゅ で　ル ラ ル ラ ル ー　ぽ か ぽ か も わ も わ　ふ わ ふ わ ふ ー
2 て と あし で あ く しゅ で　ル ラ ル ラ ル ー　ぽ か ぽ か も わ も わ　ふ わ ふ わ ふ ー
  て と あし で あ く しゅ で　ル ラ ル ラ ル ー　ぽ か ぽ か も わ も わ　ふ わ ふ わ ふ ー
3 あし と あし で あ く しゅ で　ル ラ ル ラ ル ー　ぽ か ぽ か も わ も わ　ふ わ ふ わ ふ ー

©ASK MUSIC Co.,Ltd

2 ♪（2・3番）てとあしで〜

手と足を絵のように組む。息をはきながらうたにあわせて握りあう。3番は反対の手と足で。

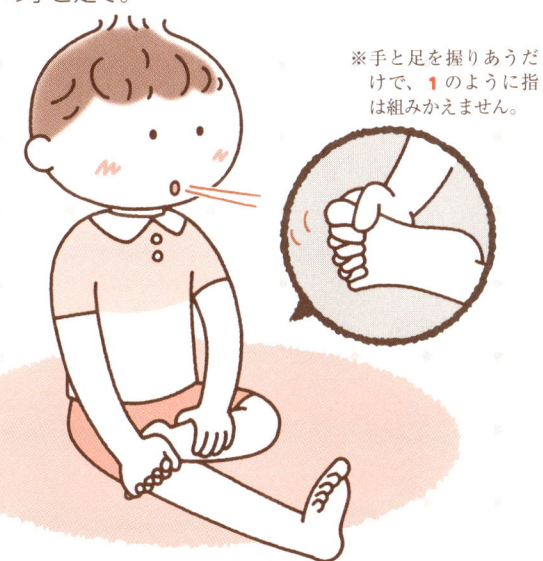

※手と足を握りあうだけで、1のように指は組みかえません。

3 ♪（4番）あしとあしで〜

足と足を組む。うたにあわせて、息をはきながら、握りあう。

!! POINT 指は組みかえない

バリエーション

【友だちと足の握手】

2人1組になって、足の握手をしてみましょう。手を使って、お互いの足の指を交互に組みあわせたら、互いに足で握りあいます。

右手左手の組みかえで脳によい刺激を

両手を握りあわせて、指を1本ずらして組みかえるというのは、幼児にとっては難しいことかもしれません。でも、それは最初だけで、すぐに慣れてくるでしょう。

すでに、利き手が決まっている子どももいると思いますが、右手は左脳、左手は右脳に関係しています。手を組みかえたとき、すでに違和感があるのは、手の使い方のアンバランスだけではなく、脳の使い方のアンバランスもあるということです。あそびの中で、右手と左手の使い方の差をなくしましょう。

手と足の握手がしっかりできるようになると、足の指がひらいてくるので、ふんばる力が出てきます。

また、すべての関節は関係しあっているので、手と手をぎゅっと握りあったり、手の指と足の指をぐっと握りあったりすると、体全体の関節のはたらきがよくなり、体のむくみもとれてきます。

基本メソッド 04　手首をほぐす

すごくかんたん　かんたん　ちょっとがんばれ！

ぐるりんぱ

息をはきながら "ぐるりんぱ" と呪文をとなえれば
手首がほぐれ、腕・肩・首…と体全体がほぐれていきます。
子どものうちから、手あそびの1つとして覚えておくといいですよ。

1 ♪りょうてをだして
両手を出して、前へならえ。

2 ♪おやゆびしたに
親指が下にくるように、両手をくるりと回す。
「くるっ」

3 ♪てのひらあわせ
腕を交差させ、手のひらをあわせる。

4 ♪ギュッとにぎって
両手を握りあう。
「ぎゅっ」

ぐるりんぱ

作詞／小澤るしや・小澤直子
作曲／増田裕子

♩=118　のんびり気持ちよく

C　　　　　　　　　　　　　　　　　　　Dm
1 りょうてをだして　（りょうてをだして）　2 おやゆびしたに　（おやゆびしたに）

C　　　　　　　　　　　　　　　　　　　Dm
3 てのひらあわせ　（てのひらあわせ）　4 ギュッとにぎって　（ギュッとにぎって）

5 ♪ぐるりんぱ
息をはきながら、握った手を内側から外側へ返す。

※腕がのびなかったら、できるところまでで止める。

6 ♪もどして
返した手をもとに戻す。

7 ♪ぐるりん ふー
もう1回、息をはきながら内側から外側へ返す。

8 ♪もどして
再び戻す。

9 ♪ぶらぶらぶらぶらぶら
手首をほぐして、おしまい。

★手を逆に組みかえて、もう1度くり返しましょう。

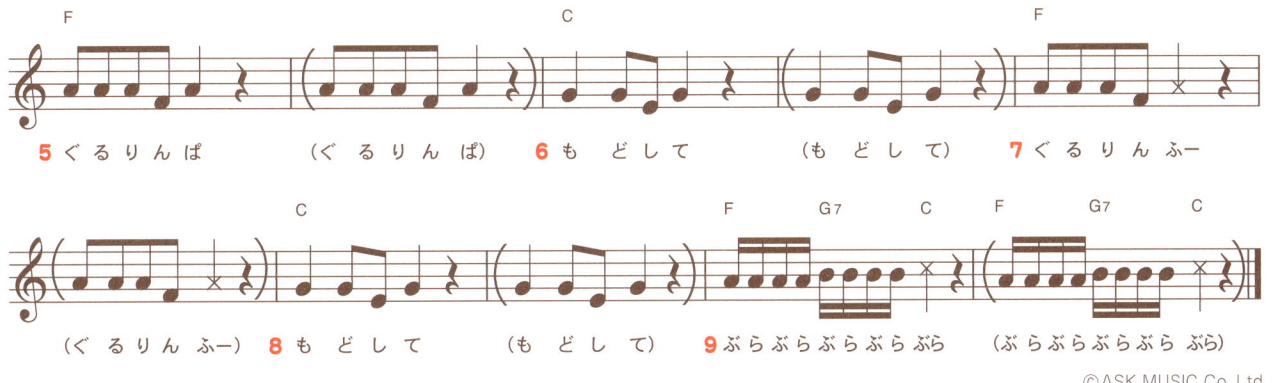

5 ぐるりんぱ　（ぐるりんぱ）　6 もどして　（もどして）　7 ぐるりんふー　（ぐるりんふー）　8 もどして　（もどして）　9 ぶらぶらぶらぶらぶらぶら　（ぶらぶらぶらぶらぶら ぶら）

©ASK MUSIC Co.,Ltd

基本メソッド 05
肩をほぐす

すごくかんたん　**かんたん**　ちょっとがんばれ！

のびのびのびーん

緊張して肩がガチガチ…。そんなときはこのうたで、心も体もリラックス。子どもは肩がやわらかいので、大人よりも楽にできるはずです。でも無理は禁物。できる範囲で楽しく行ってくださいね。

1 ♪りょうてをくんで
両手を胸の前で組む。

2 ♪かえして
組んだ手をひっくり返しながら前に出す。

3 ♪のびーん　のびのび
そのまま手を上に上げ、息をはきながら、ひじがのびる範囲で後ろへのばす。

4 ♪のびーん
最後に大きく後ろへのばす。

!! POINT
腰をそらせすぎないように注意する

のびのびのびーん

作詞／小澤るしや・小澤直子
作曲／増田裕子

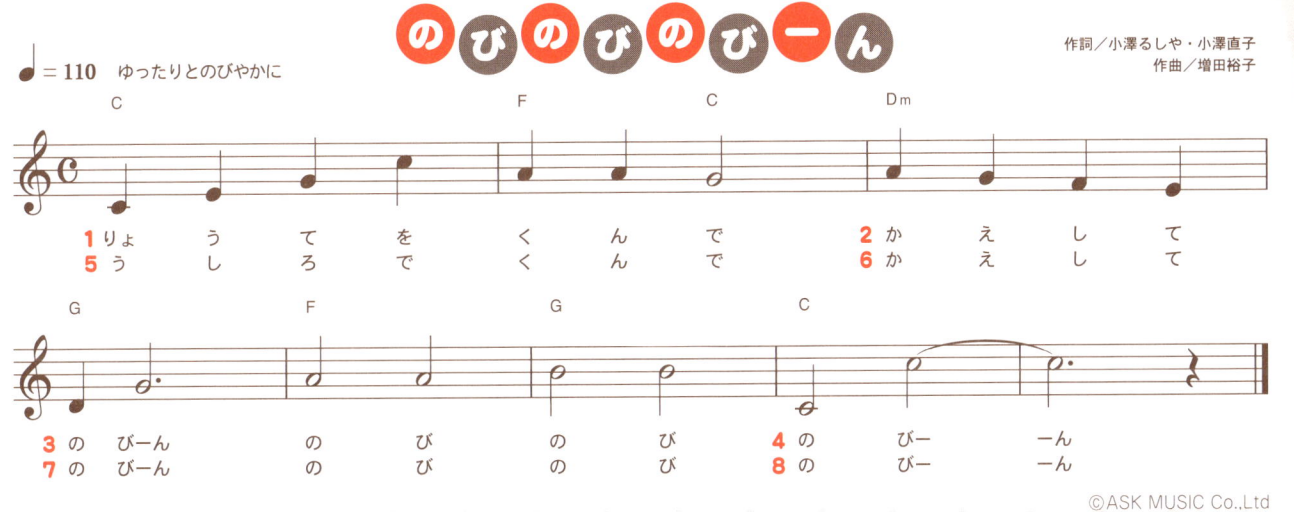

♩ = 110　ゆったりとのびやかに

| 1 りょ　う　て　を　く　ん　で | 2 か　え　し　て |
| 5 う　し　ろ　で　く　ん　で | 6 か　え　し　て |

| 3 の　びーん　の　び　の　び | 4 の　びー　ーん |
| 7 の　びーん　の　び　の　び | 8 の　びー　ーん |

©ASK MUSIC Co.,Ltd

5 ♪うしろでくんで
おしりの後ろで手を組む。

6 ♪かえして
息をはきながら、組んだ手を絵のように、ひっくり返す。

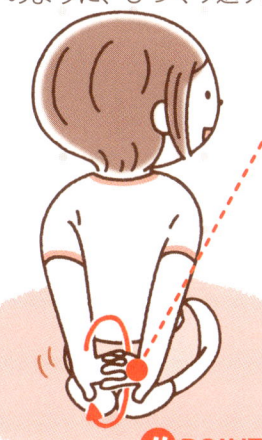

!! POINT
手のひらでおしりをなでるように返す

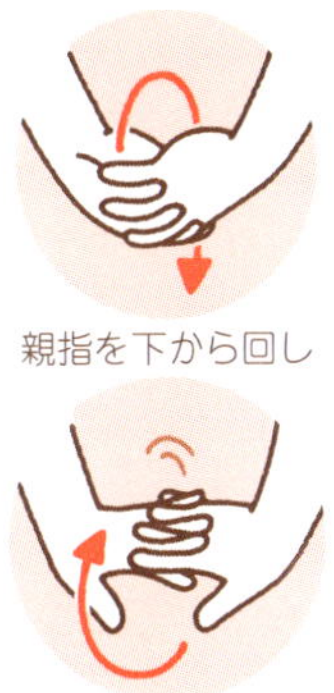

親指を下から回し

手のひらを下に向ける

!! POINT
手を逆に返さないよう注意する。できないときは 5 の手のままで OK

7 ♪のびーん　のびのび
息をはきながら組んだ手をゆっくりと上に上げる。

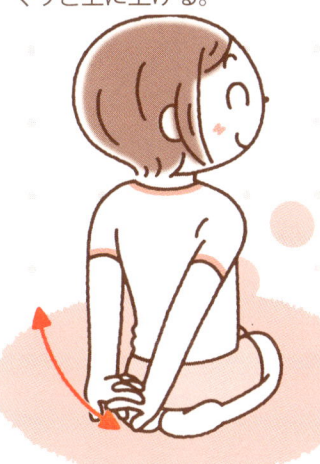

8 ♪のびーん
最後に大きく後ろに上げる。

!! POINT
体を前に傾けずに

基本メソッド 06
手と足の指ほぐし

グッパとコウサ

すごくかんたん　かんたん　ちょっとがんばれ！

グッパとコウサ、手をひらいたり交差させたりするだけで、手足の動きをよくし、脳の緊張をやわらげる効果があります。いつでもどこでもできるので、ぜひ遊んでみてください。

1 ♪グッパグッパ　てのひらグッパ〜

足を前に出してすわる。うたにあわせて、息をはきながら手をとじたりひらいたりする。

!!POINT 肩の力をぬいて
!!POINT 背筋をのばして姿勢よく
!!POINT 足はかるくひらいて

足の指をひらくことは正しい姿勢の基本

ふだんから、はだしでいることが多い子と、そうでない子とでは、足の指のひらきが、ずいぶん違ってきます。靴や靴下のなかで、ちぢこまってしまった足の指を、なんとかひらかせたいものです。

足の指がきれいにひらけば、地面にしっかりとふんばって立つことができるため、正しい姿勢が保てるようになります。骨や筋肉の発達によい影響を及ぼすのはもちろんのこと、転びにくくなってけがが減ります。

グッパとコウサの後は、バリエーションの足ジャンケンでも遊んでみてください。

グッパとコウサ

♩=100　リズムにのってかろやかに

作詞／小澤るしや・小澤直子
作曲／新沢としひこ

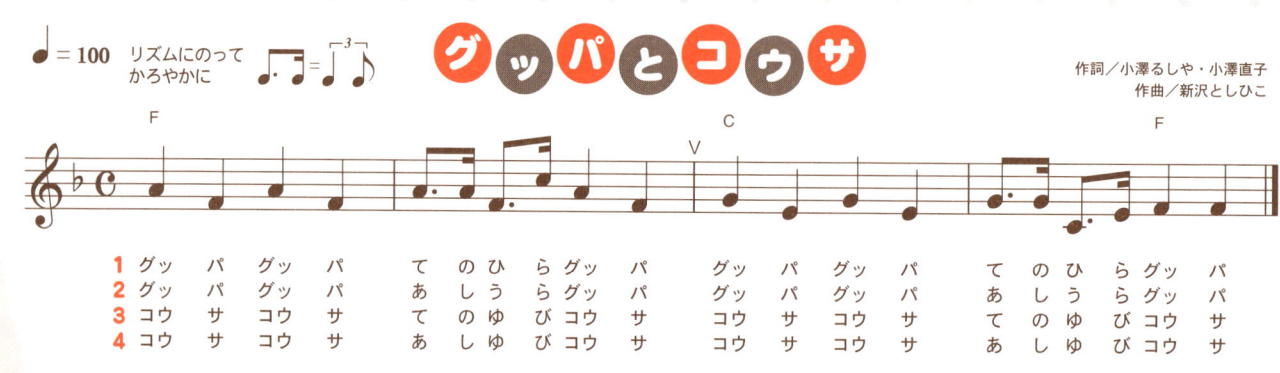

	1	2	3	4
	グッ パ グッ パ	グッ パ グッ パ	コウ サ コウ サ	コウ サ コウ サ
	て の ひ ら グッ パ	あ し う ら グッ パ	て の ゆ び コウ サ	あ し ゆ び コウ サ
	グッ パ グッ パ グッ パ			
	て の ひ ら グッ パ	あ し う ら グッ パ	て の ゆ び コウ サ	あ し ゆ び コウ サ

©ASK MUSIC Co.,Ltd

2 ♪グッパグッパ あしうら〜

息をはきながら、足の指をとじたりひらいたりする。

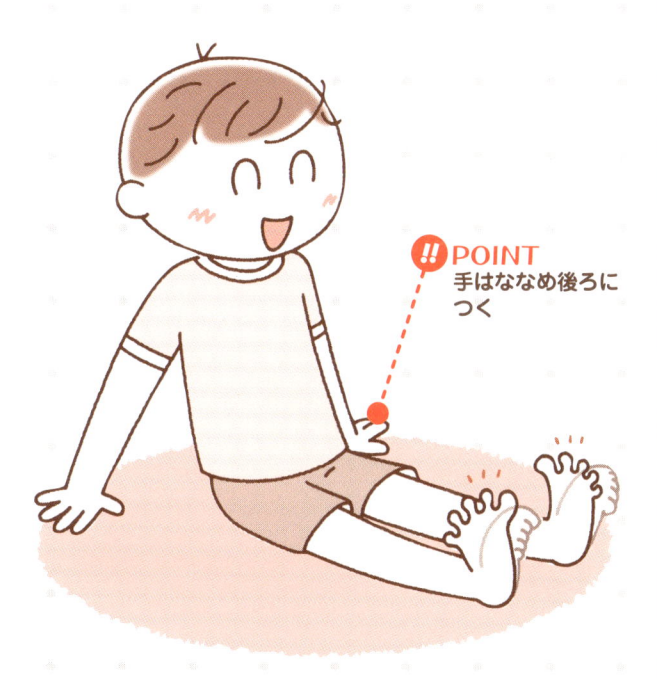

!! POINT 手はななめ後ろにつく

バリエーション

【足でジャンケン】

2人1組で、足ジャンケンをしてみましょう。

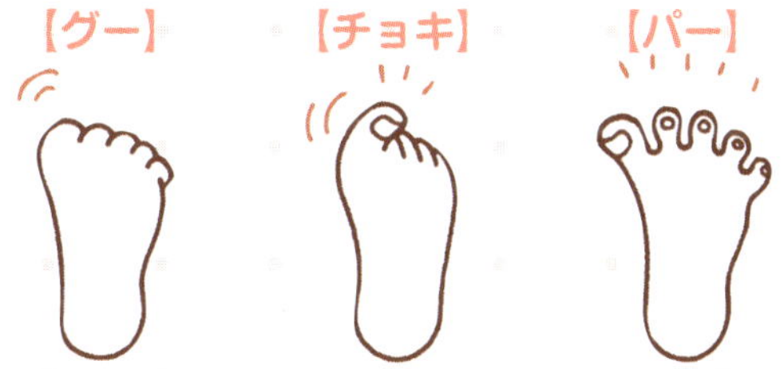

【グー】　【チョキ】　【パー】

---

3 ♪コウサコウサ てのゆび〜

息をはきながら、親指と残りの4本の指を交互に交差させる。

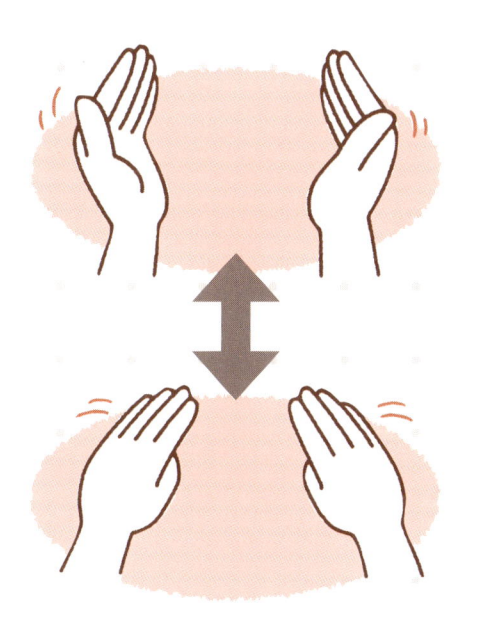

4 ♪コウサコウサ あしゆび〜

息をはきながら、足の親指と残りの4本を交互に交差させる。

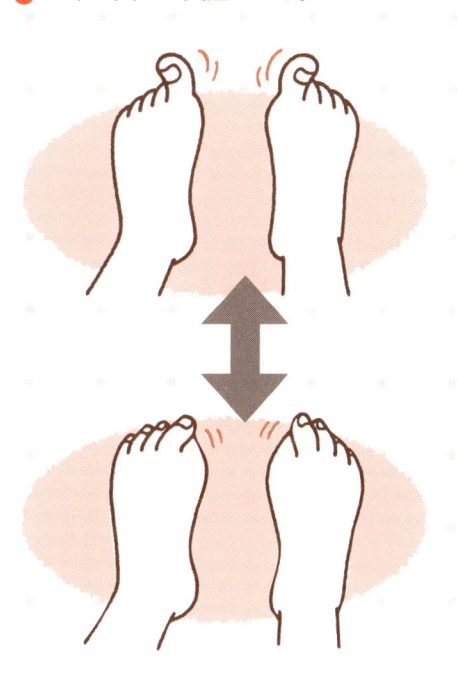

基本メソッド 07 足首回し

すごくかんたん | かんたん | ちょっとがんばれ！

手回しオルゴール

オルゴールの調べにのって、足首をやさしく回しましょう。
息をふーっふーっとはきながら回せば、脳への血流もよくなります。
日頃からしっかりとほぐし、やわらげてあげましょう。

1 ♪てまわしオルゴール　すきなうたを〜

右手と左足の指を1本ずつからみあわせ、手と足の握手をして、ゆっくり大きく足首をまわす。1回まわすごとに1回息をはく。

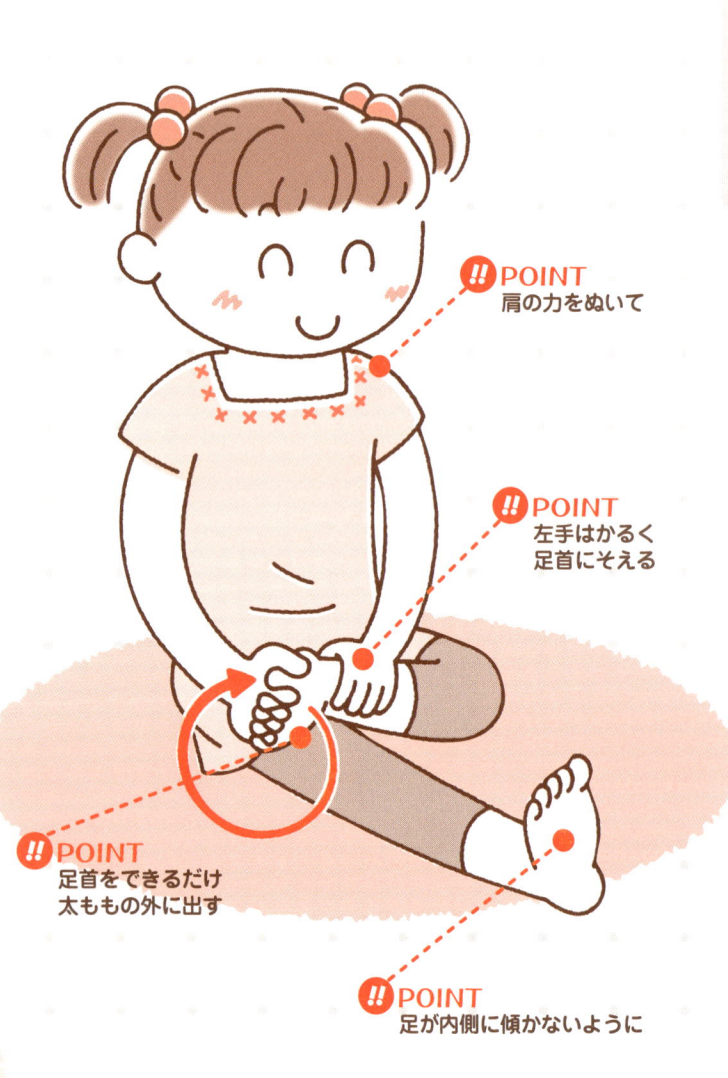

> このオルゴールは足首を回すことによって素敵な音楽を奏で始めます。楽器を演奏する気分で、リズミカルに、でもあせらずゆったりと足を回しながら歌ってくださいね。

!! POINT 肩の力をぬいて

!! POINT 左手はかるく足首にそえる

!! POINT 足首をできるだけ太ももの外に出す

!! POINT 足が内側に傾かないように

2 ♪くるくるオルゴール　かぜの〜

右手と左足を組んだまま、反対回し。

3 ♪（2番）てまわしオルゴール〜

足をかえ、左手で右足首を回す。

4 ♪くるくるオルゴール　そらの〜

右足首を反対回し。

手回しオルゴール

作詞／小澤るしや・小澤直子
作曲／新沢としひこ

♩= 80　ゆっくりていねいに

[C] [Dm7] [G7] [C]
1 てまわしオルゴー　ル　　すきなうたをなら　し　ま　しょう
3 てまわしオルゴー　ル　　すきなうたをなら　し　ま　しょう

[F] [G] [F] [G]
ふっ　ふっ　ふっ　ふっ　ふっ　ふっ　ふー　（じゃ、はんたいにまわすよ〜）
ふっ　ふっ　ふっ　ふっ　ふっ　ふっ　ふー　（じゃ、はんたいにまわすよ〜）

[C] [Dm7] [G7] [C]
2 くるくるオルゴー　ル　　かぜのうたをなら　し　ま　しょう
4 くるくるオルゴー　ル　　そらのうたをなら　し　ま　しょう

[F] [G] 1.[F] [G] 2.[C]
ふっ　ふっ　ふっ　ふっ　ふっ　ふっ　ふー　（あしをかえて〜）
ふっ　ふっ　ふっ　ふっ　ふっ　ふっ　ふー

©ASK MUSIC Co.,Ltd

足首のやわらかさは体全体のやわらかさに通じる

　足首は体の各関節部分に関係していて、ここがかたくなると、全身がかたくなってしまいます。とりわけ、アキレス腱部分がかたいと、首のつけ根の部分もかたくなり、首から脳への血行が悪くなります。

　ストレスを受けやすい子、緊張しやすい子、鼻がつまりやすい子、風邪をひきやすい子、足の長さに左右の差がある子、転びやすい子の足首は、かたくなりやすいものです。足の指がひらけるようになり、足首がやわらかくなるだけで、体全体のはたらきがずいぶん変わります。

　風邪などで熱が出ているときは、大人が足首を回してあげましょう。うまく回してあげれば、体がとても楽になるはずです。本人に、気持ちがいいかどうか確かめながら回してください。

小澤直子 × 新沢としひこ 対談

ほぐしあそびで体を変える

【新沢】 ぼく、子どもの体ってすごく雄弁だなって思うんです。保育園で働いていたとき、体の具合が悪いわけでもないのに、突然吐いちゃった子がいてね。それを見た先輩の先生が「あ、この子、今の状況を受け入れられないのね」って言ったんです。それを聞いてなるほどなって。吐くことによって言葉では表さない心のNOサインを、体が語っていたんですね。大人が気づかないだけで、子どもの体って、いろいろなサインやメッセージを送っているんだなあと思った出来事でした。

【小澤】 大人の場合もストレスがたまると胃炎を起こしたりしますよね。でも、子どものそれはもっと直接的です。緊張して、おなかをこわしたり、熱を出したり、心の状態がすぐに体に現われてきます。そういう心からきた体の不調は、緊張をほぐして、同時に体のこわばりをほぐしてあげることで、解決することって多いんですよ。子どもの体は本当に正直ですから。

 子どもの、その日その時の体の状態を大人が敏感に感じとって、"読む"ことができるといいんですけどね。でも、それってなかなか難しい…。自分の体のことだってわからないのに…。

 この本のあそびを通して、そういうことも学んでほしいですね。その子の状態が、今どうなっているのか、体はくつろげているのか、呼吸はうまくできているのかなど、いろいろなことを知る手がかりになると思うんです。「あれ、今日はこの子いつもより体がこわばっているな、何かあったのかな？」というようにね。もちろん、自分の体についても同じことが言えますよ。だから無理に上達する必要なんてまったくないんです。とにかく楽しく、体の中の自然性を引き出せればいいと思うんです。

 本当ならただ遊ぶだけでもいいはずなんですよね。でも、今の子どもたちは本当に遊びが足りないと思うんです。自由にただ遊ぶことがしにくい環境になってきているから。野球とかサッカーとか、もちろんそれはそれでいいんだけど、そういうのじゃなく、もっとグシャグシャな体全体を使う原始的な遊びをしてほしいですよね。

 はだしでかけまわったり、木に登ったりとかね。そうやって自然から学ぶことって、とっても多かったはずなんだけど、今はそれが難しい世の中だから。それらを補うためにも、ほぐしあそびで、手首、足首、腕、肩、足、腰と体全体を動かしてほしいですね。それができれば、子どもたちの体は確実に変わっていきますよ！

chapter 4
アートヨガを もっと知るために

ヨガで遊ぶ楽しさに目覚めた人
アートヨガ、ほぐしあそびに興味をもった人
もっと深く知りたいと思ったあなたのためのページです。
ここを読めば、この本の"ヨガ"がどういうものなのかが
わかり、よりいっそう楽しめることでしょう。

アートヨガとほぐしあそび

小澤直子

アートヨガとは、ほぐしあそびとは、どういうものなのでしょうか？
その歴史と背景について、かんたんにご紹介したいと思います。

アートヨガって何？

アートヨガは、わたしが、芸術的感性と知性の刺激法として、体系化し、1983年「アートヨガ・ムーヴ」設立とともに始めたものです。(当初は、芸術家のためのヨガとしてスタートしました)

その特徴は、体を大きな頭脳体としてとらえ、脳の可能性に体からアプローチすることにあります。そして、その操法は、誰にでもできる無理のない合理的なものをめざしています。

1976年、故・沖正弘先生の道場に入門し、研修生として多くのカルチャーセンターで指導にあたってきました。そこで、様々な人たちの体に出会ったことが、アートヨガの操法の形成に大きく影響しています。

たとえば、肩こりをとるためのヨガのポーズに、鋤のポーズというのがありますが、その指導をしたときのことです。どこの教室(受講生40〜50人)でも、すぐにできる人は1割前後で、2〜3割の人はそのうちできるようになります。けれど、5〜7割の人たちは、ポーズをすることで体を痛めかねないという状況がありました。

体がやわらかい人たちは、鋤のポーズで、首や肩がすっきりします。でも、多くの人にとっては、首や肩に刺激がいくぶんだけ、逆に肩こりがひどくなるのが、現実でした。

インドで発達したヨガを、気候も食事も生活環境もまったく違う、現代の日本で、そのまま行っても、ヨガの効果が十分得られないことを知ったのです。

そうした経験をふまえ、その後、様々な悩みをかかえた体に出会いながら、ヨガのポーズも取り入れた、無理のない操法を編み出していきました。

アートヨガは、オリジナルの「基本メソッド」から始めて、体をほぐし、脳への血流をよくしていきます。体に負担をかけない、この合理性が、芸術関係者だけではなく、大学の研究職の方々や教育関係者の支持を受けるようになり、今では、様々な分野の方々に支持されています。

子どもにもアートヨガをしてほしい

1992年にクレヨンハウスから『子どもと体を勉強する』が、雑誌「音楽広場」の別冊として出版されました。

わたし自身の子育てから得たものもふくめて書いた本です。(後に、クレヨンハウス主宰者の落合恵子さんのご好意で、アートヨガ・ムーヴから増刷しています)

当時、「子どもの体がおかしい」と言われ始めて10年以上が経っていました。それまでになかった子どもたちの病気や、アトピーをはじめとした

慢性疾患、低体温、転びやすい、などの問題が多発していました。

この出版を機に、全国の幼児教育者向けの研修会・講習会に招かれるようになり、そこで体の話をすると、熱烈な反応をもって迎えられました。みんな、子どもの体をどうしたらいいのかわからないという問題を抱えていました。

特に、全身の血流をよくして免疫力を高める、アートヨガの「基本メソッド」を、子どもになんとかやらせたいという要望を多く聞きました。

子どもにアートヨガを教えるとき、最も大切なのは、楽しく行うことです。押しつけたり、嫌なことだったりでは、効果がありません。しかし、では、どう教えればよいのかというと、具体的に指導するのは難しく、それは保育士さんの裁量にまかせるしかありませんでした。

「基本メソッド」をいかに楽しく子どもに教えるか、それは大きな課題でした。

子どものためのアートヨガ「ほぐしあそび」誕生

わたし自身が、自分の子どもに教えてきたように、体についての知識が自然に身につくような絵本を作ろうと思いました。

息をはくと体がやわらぐこと。呼吸と動作をあわせると、体を動かすことがとても楽になること。風邪をひいたときは、背骨に力をいれて、足首をほぐせば治るのが早いこと。そういった体の知恵を、楽しいストーリーと一緒に、絵本を読みながら学べるようにと、そんな思いで作ったのが、「からだであそぼう」シリーズの『あし』『て』『かた』(ポプラ社刊)です。これら3冊は、「基本メソッド」を絵本にしたものです。

この絵本を使うと、アートヨガを子どもに教えることが、ずっとかんたんになりました。そして、これを機会に、子どもに教えるときのアートヨガを「ほぐしあそび」と呼ぶことにしました。あくまでも「あそび」として子どもたちに楽しんでもらいたい、という思いからです。

ちょうど時を同じくして、NHK教育TV「からだであそぼ」で、「ほぐしあそび」のコーナーを監修することになり、ほぐしあそびは全国に発信されました。

「ほぐしあそびうた」誕生

アートヨガを子どもに教えるとき、音楽がついていたらどんなにいいだろう。様々な保育士さんたちに、よくそう言われてきました。とりわけ基本メソッドに、曲だけでもつけてほしいと。

それが、今回、この本で実現できました。共にこの本を作り、楽しい音楽をつけてくださった新沢としひこさんは、アートヨガ歴14年で、アートヨガのよき理解者でもあります。ケロポンズの増田裕子さんもアートヨガ歴10年以上で、彼女にも4曲参加していただきました。

「うたなしで遊んでもいいのですか？」という質問もありますが、もちろん、ほぐしあそびは、もともとアートヨガを子どもに教えるために考案したものです。この本ができるまでは、うたなしでそのまま行っていたものですから、うたなしでもたくさん遊んでください。

子どもも大人も楽しく元気に！

子どもと一緒に歌って遊んで、心と体をほぐしましょう。遊んでいるうちに、しっかり息がはけるようになり、呼吸と動作もあってきて、いつのまにか背骨と腰の力がついてきて、何だか、頭もスッキリ。そんな体の変化を楽しんでください。

ヨガであそぼう！
こどもヨガソング
アートヨガほぐしあそび

解説一覧

コケッコタッチ　p.14
▶ 肩をやわらげる

肩をやわらげるあそび。姿勢が悪い状態がつづくと、肩がこわばってくるので、あそびのなかで、肩をやわらげたい。肩関節がゆるい子どもには、注意を。上体を床に平行に近づけ、ひざをのばして歩くことで、背面ものばす。

やわらかねこ　p.10
▶ 背骨をやわらげる

背骨をやわらかくして血行をよくするヨガのポーズ。背骨の椎骨間の血流がよくなり、脳のはたらきも活発になる。呼吸器系のはたらきがよくなるので、姿勢が悪い子や、喘息、気管支の弱い子、風邪をひきやすい子におすすめ。

へびなのじゃ～　p.16
▶ 背骨をやわらげ、強くする

背骨をやわらげ、強くするヨガのポーズ。肺と気管支のはたらきを高める。風邪をひきやすい子どもや呼吸器系の弱い子どもにおすすめ。猫背姿勢の修正にもなる。キングコブラのポーズは背骨に力が入るので、集中力も増す。

かにかにさんぽ　p.12
▶ 足腰を強くする

足腰を強くするあそび。赤ちゃんがに、普通のかに、親がにの3パターンの動きと、3パターンの呼吸の長さが組みあわされているので、呼吸と動作をあわせる練習になる。しゃがんだときにかかとが床についていないのは、足首がかたいため。

はらぺここざる　p.18
▶ 足腰を強くする

足腰を強くするあそび。楽しく遊んでいるうちに、手首と股関節、膝、足首のバランスがとれてくる。また、自然に手の指や足の指もひらいてくる効果もある。足首や手首がかたかったり、手や足の指のひらきが悪いとやりにくい。

山の一日　p.20
▶ わきをのばす

わきをのばして、気分がすっきりするヨガのポーズ。わきと背骨がのびるので、脳への血流がよくなる。猫背姿勢になりやすい子、呼吸器系の弱い子におすすめ。また、股関節をやわらげて、骨盤周辺の血流もよくする。

わたしは木　p.22
▶ バランス感覚を養う

バランス感覚を養う、ヨガのポーズ。意識集中の練習になる。幼児にとっては、片方の足でバランスをとるのは難しいが、実際に木を見せながら「わたしは木」というイメージをしっかりもたせると、不思議にバランスがとれる。

大空にほえろ！　p.24
▶ 背骨をやわらげ、強くする

背骨をやわらげ、強くするヨガのポーズ。いぬは、日に何度となくのびをするが、それを模倣している。のびは、体をほぐし、脳への血流をよくする。「ワンワン」「ワオーン」という鳴きまねをするだけでも背骨に力がこもる。

おまるのまるおくん　p.28
▶ 腸のはたらきをよくする

足腰を強くして、腸のはたらきをよくするあそび。日頃から便秘がちの子にはぜひ遊ばせたい。うんちが出にくいときにもおすすめ。おなかにガスがたまりやすい子ども、便秘がちな子どもの強い味方です。

のりものトランスフォーム！　p.30
▶ 股関節をやわらげ、背骨と腰の力をつける

関節のはたらきがよくなるあそび。ヨット（合せき座）と紙ひこうき（わり座）をすることで、股関節をバランスよくやわらげる。座って前進、後進することで、背骨と腰の力もついてくる。また、股関節、骨盤周辺の血流がよくなる。

くわがたマーチ　p.26
▶ 足腰を強くする

足腰を強くするあそび。虫のまねをして楽しんで遊べるとよい。遊んでいるうちに、自然に腰の力がついてくる。便通の悪い子にもおすすめ。体が床に平行になればなるほど、背骨も強くなる。大人は腰に負担がかかるので要注意を。

ぐにゃぐにゃビート　p.34
▶ 体をリラックスさせる

肩をやわらげて、体をリラックスさせるあそび。首や肩の緊張をとり、心と体をほぐすのに最適。行事前後の、緊張しやすい時期や、ストレスがたまっているときなどに活用するとよい。おなかにガスがたまりやすい子にもおすすめ。

忍び足忍者　p.36
▶膝と足首をやわらげる

関節のはたらきをよくするあそび。音がしないように、やわらかく歩いたり、ジャンプしたりすることで、膝と足首の弾力をつける。ふわり、ふわりと音をたてずに動くことで、重心が下がり、首や肩の緊張もとれてくる。

笑いの時間　p.38
▶首・肩の力をぬき、腹圧を高める

笑いながら腹筋運動をするあそび。笑うことで、体がリラックスして、おなかに力が入りやすくなる。つんつん、こちょこちょとくすぐって、しっかり笑わせたい。体を斜め45度にして行えば、背骨も強くなり、知らず知らずのうちに腹圧が高まる。

ひっぱりっこ　p.40
▶背面をのばす

背面をのばすあそび。大人も子どもも、背面は縮みやすいもの。特に足の裏側の筋肉は、縮みやすいところ。苦手な動作は、息をはくとやりやすくなるので、息をはいて、楽しく遊びながら、体をほぐすようにするとよい。

夜です おやすみ　p.42
▶くつろぎのポーズ

完全リラックスするヨガの「死骸のポーズ」をあそびにしたもの。激しいあそびの後にするとよい。それに限らず生活の中でもヒートアップした子どもたちをクールダウンさせたいときに、おすすめ。自律神経のはたらきをよくする。

ふうせん呼吸　p.44
▶腹式呼吸の基本

腹式呼吸の練習。「おなかが風船」のイメージをしっかりもたせて、風船になりきれれば、うまく遊べる。おなかをふくらませたり、へこませたりすることで、肋骨の開閉運動機能を高める。腸のはたらきもよくなり、免疫力もアップ。

巻き寿司コロコロ　p.46
▶疲労回復

疲労回復の効果があるあそび。行事の前後など、緊張を強いられたあとは、大人と同じように子どもも疲れ気味。そんなときにぴったりのあそび。「気持ちいいですか？」と声をかけあいながら、遊ぶとよい。友だちを思いやる心も育つ。

足裏ふみふみ　p.47
▶疲労回復

疲労回復の効果があるあそび。足の裏をほぐして足の血行をよくする。足の裏には、体の各内臓や腰・背骨の状態をよくする、東洋医学でいう、いわゆるツボがたくさんあるところ。足の血行がよくなると、全身の血行がよくなる。

ふーふーストロー　p.50
▶呼吸の練習

呼吸の練習をあそびにしたもの。ほぐしあそびの中でも、子どもに人気がある。呼吸には、いろいろな長さや強さがあるということを学ぶ。短い呼吸、普通の呼吸、長い呼吸で遊んでいるうちに、首や肩が緊張している子も、リラックスしてくる。

のびのびのびーん　p.58
▶肩をほぐす

肩をやわらげるあそび。幼児期の肩は、基本的にやわらかいが、学童期をへて、大人になっていくにつれて、首や肩に力が入り、肩こりなどを起こすようになる。肩がやわらかい幼児期に肩ほぐしを覚えておくと、とてもよい。

手の指そらそう　p.52
▶手の指をそらす

手の指をほぐすあそび。手と脳とは密接に関係している。手の指をそらすことは、脳の緊張をほぐすことにつながる。また、脳の発達も促す。行事の前後など、緊張を強いられる時期には、毎日でも遊びたい。

手と足の握手　p.54
▶手と足の指ほぐし

手と足の指をほぐすあそび。手と脳とは密接に関係しており、右手と左脳、左手と右脳の関係が深い。子どもから大人になるにつれて、利き手、利き足、利き脳が決まってくる。あそびの中で、手足と脳のバランスをとりたい。

グッパとコウサ　p.60
▶手と足の指ほぐし

手と足の指のひらきをよくするあそび。手の動きをよくして、脳の発達を促すとともに、脳の緊張をとる。足の指のひらきがよくなると、体全体を支える力がつき、転びにくくなる。バリエーションの足のジャンケンもあわせて行うとよい。

ぐるりんぱ　p.56
▶手首をほぐす

手首をほぐすあそび。手の発達と、脳の発達は、深く関係しあっている。手で道具を使うことは、より脳の発達を促すが、大人になるにつれて腱鞘炎（けんしょうえん）など、手首の使いすぎが問題になってくる。あそびのなかで、手首ほぐしを覚えておくとよい。

手回しオルゴール　p.62
▶足首回し

足首をやわらげ、ほぐすあそび。足首は、二足歩行する人間の脳と体にとって、とても重要な部位。各関節と関係しあっている。足首がかたくなると、首から脳への血流も悪くなり、鼻もつまってくるなど、頭部との関係も深い。あそびの中でほぐしたい。

アートヨガ ほぐしあそび Q&A

これまでにアートヨガ、ほぐしあそびの講習会で出てきた様々な質問のなかから、特に多かったものをご紹介し、お答えしていきます。
あそびを行うときの参考にしてください。

❓ 呼吸が難しいのですが、絶対に守らなければいけないのでしょうか？

A だいじょうぶ、難しくありませんよ。

まず、「ふーふーストロー（p.50）」で遊んでみてください。このあそびは、楽しく遊んでいるうちに、自然に息をはくことが身につくように作ったものです。うたがなくても、十分に楽しめます。この本のあそびをする前の、一番最初に行うとよいでしょう。

呼吸は、まず息をはくことから教えます。というのも、息をはいたとき、心身は一番リラックスするので、息をはきながら行うと、体はとても動きやすくなるからです。

体を動かすのが苦手な子どもは、息をつめていることが多いものです。スムーズに息がはけるようになると、体を動かすことだけではなく、うたを歌ったり、演奏したり、人前で意見を言ったりすることが、とても楽になります。ですから、呼吸は難しいなんて言わずに、まずは楽しく遊んで、息をはくことを教えてください。

大人でも難しい腹式呼吸をあそびにしたのが「ふうせん呼吸（p.44）」です。でも、大人とちがって、幼児は自然に腹式呼吸ができているので、意外にかんたんです。おなかがふくらんで、ぺしゃんこになったら、「すごい、すごい」と、ほめてあげてください。子どもは得意になって、腹式呼吸をマスターするでしょう。

「ふうせん呼吸」では、息をすうことも練習しますが、他のあそびでは、すう息を考えると頭が混乱してくるので、とにかく1回動くごとに息を1回はくことだけを教えてください。呼吸と動作があうと、体の動きがスムーズになります。

「手の指そらそう（p.52）」「手回しオルゴール（p.62）」は、呼吸と動作をあわせる練習に、よいあそびです。子どもたちに人気の「はらぺこざる（p.18）」も、1回進むごとに1回息をはくので、呼吸と動作があいやすいあそびです。

「かにかにさんぽ（p.12）」は、動作と呼吸の長さをあわせる練習に最適です。速い動きには短い呼吸、ゆっくりした動きには長い呼吸をあわせることが、自然に身につきます。

体がかたくてできない子はどうしたらいいですか?

A 幼児期は、体がやわらかいものです。ただ、体質的にかたい子はいます。それから、緊張しやすくて、体をこわばらせている子もいます。精神的ストレスや睡眠不足から体がかたくなっている場合もあります。無理をせずできることから行ってください。

いずれの場合も、関節のはたらきがよくなると、たいていの子はやわらかくなっていきます。まずは「手と足の握手(p.54)」「手回しオルゴール(p.62)」のような関節刺激からはじめてみましょう。足首がやわらぐと、他の関節のはたらきがよくなり、体がやわらいできます。

体がこわばりやすい子は、緊張しやすいことも多いので、息をつめている場合があります。息をはくと体がやわらぐので、「ふーふーストロー(p.50)」で、心と体をほぐしましょう。

くすぐりっこをして、笑わせて息をはかせるのもいいですね。「笑いの時間(p.38)」は、腹筋運動をあそびにしたものですが、笑いながら行うと疲れません。

「ぐにゃぐにゃビート(p.34)」は、どんなに体がかたい子でも、すぐに体がほぐれます。体がほぐれて声も出やすくなるので、小学校の音楽の授業で、このあそびを実践している先生もいらっしゃいます。

「忍び足忍者(p.36)」も、息をはきながら関節をやわらげるので、体全体をほぐします。

子どもに教えようにも、自分ができないときはどうしたらいいでしょう?

A もしも大人ができなければ、イラストを見せながら「こういうのできる?」と言葉だけで教えてあげてください。

もともとほぐしあそびは、できてもできなくてもよい、という雰囲気のなかでやることが、とても大切なあそびです。だから、大人ができなくてもよいのです。むしろ、できないことを楽しめるような雰囲気作りをするためには、大人ができないことは好都合かもしれません。

一緒に遊んで大人も子どもも元気になるのが「ほぐしあそび」です。これを機会に、もっと体を動かしてみましょう。

第3章の「基本メソッドで遊ぶ」にのっているのは、アートヨガの基本メソッドの一部をあそびにしたものです。大人は、ここから始めるのがよいでしょう。

ただし、すでに姿勢が悪くて肩がかたくなってしまっている人は、「のびのびのびーん(p.58)」の後半、背中で手を返すのは、できないかもしれません。しかし無理しなくても、足首をほぐしたり、手首をほぐしたり、楽にできるところからほぐせば、体は変わります。無理しなくても体が変わるのが、アートヨガです。もっと勉強したい人は、拙著『子どもとからだを勉強する』(アートヨガ・ムーヴ刊)を参考にしてください。

宵っぱりの子どもが増えています。お昼寝をたっぷりすれば問題ないのでしょうか？

A 昔から「寝る子は育つ」と言われてきました。実際、深く眠っている間に、脳下垂体から、成長ホルモンが分泌され、骨や筋肉の発達を促していることがわかっています。

ところが、最近は、大人の生活の延長で、子どもも夜ふかしして、睡眠不足になっていることが、ままあるようです。「寝るのが遅くても、その分、昼に長く寝ているから、大丈夫。睡眠時間は足りている」そう考えてはいけません。子どもの体は、まだ未成熟です。子どもは、夜の深い眠りのなかで、いろいろな機能を育てているのです。

地球上に生きるあらゆる生物が、夜と昼のリズムの影響を受けています。昼に活動するものは、夜暗くなれば眠り、朝の光で目覚めて、活動します。

わたしたちの体の中にある体内時計は、この夜と昼のリズムに呼応して、ホルモンや体温や血圧などをコントロールしています。その体内時計が幼児期にしっかり育たなければ、自律神経やホルモンのはたらきに異常が起こります。

夜の深い眠りが、子どもの脳と体を育てるのだということを、おうちの方にも説明してあげてください。

きっかけとして、参観日に「夜です　おやすみ（p.42）」を取り上げ、一緒に遊んでみるのもいいかもしれません。

姿勢の悪い子が多いのが気になります。なにかいいあそびはありますか？

A たしかに猫背姿勢の子を多く見かけます。正しい姿勢を保つためには、腰と背骨の力が必要です。ただ、姿勢が悪い子がみんな、背骨と腰の力が足りないのかというと、そうではありません。

大人と同じで、単なるくせで、姿勢が悪いことも多いようです。子どもたちは大人を見て育つので、家族や先生の姿勢が悪いと、同じように姿勢が悪くなってしまいます。まわりの大人はご自身の姿勢をよくするよう心がけてください。

悪い姿勢が続くと、呼吸器系に悪い影響を及ぼし、風邪をひきやすくなります。内臓も下がってくるので、おなかがぽっこりふくれた体型になってしまいます。脳への血流も悪くなり、肩こりも引き起こします。猫背姿勢は、百害あって一利なしと言ってもよいでしょう。

また、猫背姿勢は背骨をこわばらせるので、「やわらかねこ（p.10）」や「へびなのじゃ～（p.16）」「大空にほえろ！（p.24）」で、背骨をやわらげましょう。「山の一日（p.20）」「わたしは木（p.22）」で、わきをのばすことも大切です。

肩を楽にするあそび「のびのびのびーん（p.58）」は、子どもにはかんたんですが、すでに姿勢が悪くて肩がかたくなってしまった大人には、やりにくいかもしれません。無理をせず、少しずつできる範囲を広げていきましょう。

0〜2歳の小さな子でも楽しめるあそびはありますか？

この本の"ほぐしあそび"は、どれも体を自然にするためのあそびなので、環境がより自然であれば、小さな子でもかんたんに遊べるようです。

ほぐしあそびは、はだしで遊びます。この、昔ではあたりまえだったことが、現代では子どもをとりまく環境によって、大きな差が出てきています。

以前、いくつかの保育園を訪問したときのことです。ふだん上履きをはいている保育園では、「手と足の握手（p.54）」「手回しオルゴール（p.62）」は、3歳児でも難しい様子でした。

ところが、ふだん、はだしで生活をしている園の子どもたちは、ちょっと教えただけで、1歳児や2歳児でも、「手と足の握手」や「手回しオルゴール」が、かんたんにできました。はだしで生活しているために、5本の指で床を踏みしめて歩いているから、指がきれいにひらくのです。驚いていると、「かにかにさんぽ（p.12）」や「はらぺここざる（p.18）」も、かんたんにやってのけました。

反対に「ぐにゃぐにゃビート（p.34）」「夜です　おやすみ（p.42）」は、あまり差がありませんでした。

それぞれのあそびに、"すごくかんたん"、"かんたん"、"ちょっとがんばれ！"で難易度が示してあります。それを手がかりに、小さいからまだできないだろうと決めつけず、いろいろ試してみてください。

行事前で子どもたちが緊張しています。リラックスさせるには、どうしたらいいですか？

心が緊張すると、すう息に力がはいり、体がこわばってきます。そんなときは、「ぐにゃぐにゃビート（p.34）」がおすすめです。

子どもたちの大好きなこのあそびは、手先から始めて、腕、肩、上半身、足をグニャグニャさせながら走りまわり、体と一緒に心もほぐれてきます。

ちょっと静かに脳の緊張をほぐしたいときには、「手の指そらそう（p.52）」がおすすめです。手と脳の関係はよく知られていますが、まずは、親指からそらしていきましょう。

「手回しオルゴール（p.62）」で足首をほぐすことも、首から脳への血流をよくします。大人も子どもと一緒に、首と肩の緊張をとりましょう。

みんなが疲れ気味のときは、「巻き寿司コロコロ（p.46）」や「足裏ふみふみ（p.47）」がおすすめ。とても気持ちがよくなるので、ぜひやってみてください。これは、いわゆるマッサージ効果のあるあそびです。また、「気持ちいいですか？」「強さはどうですか？」と相手にたずねることで、相手の体を思いやる心が育ちます。子どもと大人の組みあわせでも、とても気持ちよく遊べるので、親子の交流にも最適です。スキンシップが足りない親子には、よいきっかけになることでしょう。

体調が悪いときは やらないほうがいいのでしょうか？

A どんなときでも、無理をしないことが大切です。熱があるとか病気のときはもちろんやりません。足首を捻挫していたり、けがをしていたり、体にどこか痛みがあるときも休ませましょう。

病気ではないけれど何だか体調が悪いというときにも、「無理をしないでね」と言って休ませてください。「無理しないでね」というと、すぐに休みたがる子もいますが、さぼっているように見えても、決して無理をさせないでください。

この本の"ほぐしあそび"は、アートヨガから生まれました。あそびとはいえ、呼吸と動きが工夫されていて、脳の緊張をとり、心と体をほぐしてくれます。体操や、ほかの体を使って遊ぶものとは大きく違い、体を動かすことによって、「自分を知る」ことを学んでいくあそびでもあるのです。

さぼろうとして体調不良を訴えても、「無理しないでね。やらなくてもいいから」と言って休ませましょう。体調がどうなのか本当のところはよくわからない子や、さぼりたい子にも、「やらなくてもいいから」と言って、とにかく考える時間をあげてください。

休みたい子は休ませ、他のみんなで楽しく遊んでください。そのうちに興味が出てくるかもしれないので、時々「やってみる？」と声かけをするのを忘れないようにしましょう。

便秘がちな子に いいあそびはありませんか？

A 子どもの便秘は、ほとんどの場合、食事とあそびで治せます。

腸のはたらきを高めるためには、足腰に力がこもるようなあそびをしましょう。

もちろん、生活のなかで、子どもたちがもっと足腰を使うことも大切です。子どもの便秘で悩んでいる保護者には、通園するときに、車や自転車を使わずにできるだけ歩くなど、日常生活でもっと足を使わせることをすすめてください。

腸のはたらきを高めるためには、まず、歩くことが基本になります。とんだり、はねたり、走ったりと、どんどん足を使わせてください。

「おまるのまるおくん（p.28）」は、アートヨガの便秘解消プログラムに、うたをつけたあそびです。楽しくあそんで、「きょうもスッキリ♪」

他にも「かにかにさんぽ（p.12）」や「はらぺこざる（p.18）」などは、足腰を強くして、腸のはたらきを高めます。「のりものトランスフォーム！（p.30）」は、腹部の血流をよくするので、これもおすすめ。

いずれも、足首がやわらかいでいることが大切です。「手回しオルゴール（p.62）」で、足首をやわらげてから遊ぶとより効果的です。足首がやわらぐと、ひざや、股関節もやわらいでくるので、足腰に力が入りやすくなります。

新しいクラスで遊べるみんなが仲良くなれるあそびはありますか？

A すぐに仲良しになる子たちは、同じ呼吸をしていることが多いものです。

たとえば小さな花を見て、「かわいい！」と同じ思いをいだくとき、同じ呼吸になります。何でもないことが、とてもおかしくてたまらないとき、笑っている子たちは同じ呼吸をしています。「すご〜い！」と同じように感心しているときも同じ呼吸になっています。

よく気があう子たちというのは、呼吸があう子でもあります。気があわないというのは、呼吸があわないのです。

気があわなくても、美味しいものを一緒に食べると、同じように楽なやわらかい呼吸をするようになって、なんとか気があってきたりもします。うたを一緒に歌っても、呼吸の強さと早さが同じになるので、何となく気持ちがうちとけてくるものです。

つまりみんなで同じ呼吸をすると、仲良くなるのが早いのです。

この本のあそびでは、「ふーふーストロー（p.50）」や「手回しオルゴール（p.62）」をはじめ、呼吸があいやすい「ぐにゃぐにゃビート（p.34）」や「くわがたマーチ（p.26）」「かにかにさんぽ（p.12）」がおすすめ。歌詞をおもしろがるようであれば「おまるのまるおくん（p.28）」、ノリのよい「のりものトランスフォーム！（p.30）」など、おすすめがいっぱいです。

夏バテで子どもたちがだれています。いい解決法はありますか？

A 暑くて夏バテしているのならば、背骨に力のはいる「へびなのじゃ〜（p.16）」「大空にほえろ！（p.24）」「くわがたマーチ（p.26）」などがよいでしょう。でも、うだるように暑い日は、休ませることも大切です。

問題なのは、暑さに負けているというよりも、冷房で体を冷やしすぎている、あるいは、冷房と外の暑さの温度差で、自律神経のはたらきが悪くなってバテている場合です。

こういうときは、第3章の「基本メソッドで遊ぶ」がとてもよい効果を発揮します。夏の冷房の時期は、毎日でも遊んでほしいと思います。その後、「のりものトランスフォーム！（p.30）」や「ひっぱりっこ（p.40）」などで遊ぶと、さらに全身の血流がよくなります。

子どもが、「暑いから、冷房を入れて」とせがんでも、ほぐしあそびは、きつい冷房が入っている部屋では行わないようにしましょう。いくら血行のよい子どもであっても、冷えは、体をかたくするからです。

ふだんから、安易に冷房を入れたりせずに、夏は暑いものなんだ、ということを一緒に経験してください。「暑い、暑い」といって、汗をかくことによって、新陳代謝が高まり、体はより自然になるのです。ただし、熱中症には十分に気をつけてください。

手足がびっくりするほど冷たい子がいます。どこか悪いのでしょうか？

A 本来、子どもは血行がよくて、体温が高めです。血行がよいというのは、新陳代謝がよく、それだけ生命力が旺盛だということです。

子どもの血行不良の原因は、心身両面から考えられますが、どちらの場合も、ほぐしあそびで改善したいですね。

「手の指そらそう（p.52）」や「手と足の握手（p.54）」、「グッパとコウサ（p.60）」、「手回しオルゴール（p.62）」が、おすすめです。

しもやけになりやすい子たちは、冬になる前からやっておくとよいでしょう。もちろん、冷え性の大人にも効果があります。

もともと低体温だという子もいるかもしれませんが、小さな子どもは、心の緊張から体がこわばり、手足が冷たくなっていることもあります。血流がよくなって、手足があたたかくなってくると、それまで不機嫌だった子どもが急に素直になることもあるくらいです。

ふだんから大人が、子どもの手をさわって、やさしくスキンシップをとってあげるといいですね。子どもに安心感を与えると同時に、子どもの体温や体調を知る目安にもなります。

手が冷たいときは、全身の血流も悪くなっているので、さすって、あたためてあげましょう。

風邪の季節に、予防もかねて無理なく遊べるものはありますか？

A 風邪を予防するには、背骨を強くすることです。猫背姿勢の子は、胸を閉じているので、気管支が圧迫されて、風邪をひきやすくなるのです。

胸をひらくことが大切ですが、腰をそらせてはいけません。一見、姿勢がよさそうに見えますが、腰をそらせてしまう子は、すぐにまた猫背姿勢になります。正しい姿勢をとるときは、胃のあたりをひっこめるよう気をつけてください。すぐに姿勢が悪くなる子は、遊んで、胸をひらき、背骨を強くしましょう。

「やわらかねこ（p.10）」や「コケッコタッチ（p.14）」、「山の一日（p.20）」、「のびのびのびーん（p.58）」は、胸をひらき、肺や気管支の血流をよくします。「へびなのじゃ～（p.16）」や「大空にほえろ！（p.24）」は、背骨の力を強めます。

鼻がつまりやすい子や、せきが出やすい子は、足首がこわばっていることが多いので「手回しオルゴール（p.62）」で、足首をやわらげましょう。

また、昔からある「鬼ごっこ」や「おしくらまんじゅう」のように、体ごと遊んで背骨と腰を強くするあそびもおすすめです。余剰エネルギーがたまって風邪をひくことも多いので、鬼につかまるまいと必死に逃げたり、「押されて泣くな」と大きな声で歌ったりして、汗もかかせたいですね。かいた汗をよくふくことも忘れずに。

あとがき

小澤直子

楽しい本作りでした。作詞家も作曲家もアートヨガのよき理解者なので、みんなが編集会議に詞と曲を持ちよると、あそびの動きとうたがぴったり一致し、その度にわたしは、わくわくしたものです。新沢さんが最初に曲をつけてくださったのが「手回しオルゴール」。足首回しが、美しいうたになった瞬間でした。作詞した娘のるしやが幼稚園で歌うと、子どもたちも足首を回しながらうたを口ずさみ始め、感動してしまいました。

会議では笑いも絶えませんでした。新生璃人が、便秘解消プログラムとかわいい歌詞をミックスした、まさかの内容の「おまるのまるおくん」。増田裕子さんが勘違いして、笑うだけの予定だったあそびを、胸椎（きょうつい）10番刺激の腹筋運動に昇華させてしまった「笑いの時間」。毎回爆笑しながらの、ほぐしあそびうた制作でした。こんなに楽しい企画を立ててくださった鈴木出版の中村由紀さんに、深く感謝します。

新沢としひこ

この本に載っているうたは、全てがオリジナルの書き下ろしです。小澤直子先生のアートヨガほぐしあそびをもとに、小澤るしやさん、新生璃人さん、そしてぼくが歌詞を書き、ケロポンズの増田裕子さんとぼくの2人で曲を作りました。みんなで話しあい、実際に体を動かしながら、うたを作り上げていく作業はとても楽しいものでした。そうしてたくさんのうたが生まれ、同時発売のCDも作られました。（TDKコア制作）この本と一緒にCDもあわせて使っていただけたら、さらに楽しく子どもたちと遊べることでしょう。

この本は読むだけでなく、実際に体を動かしてこそ、意味があります。絵を見ながら、指をちょっとそらしてみたり、足首をゆっくり回したりすることからでもよいですから、ぜひ実践してみてください。実際に体を動かしてみれば、そのよさ、楽しさがきっと実感できることと思います。

小澤直子

「アートヨガ・ムーヴ」主宰。1983年、従来のヨガとは一線を画した形で、脳と体をテーマにした独自の「アートヨガ」を体系化。2004～2007年3月まで、NHK教育TV「からだであそぼ」で、「ほぐしあそび」を指導・監修。保育者向けの講習会、保育誌等でも活躍中。

■主な著書
『ヨガであそぼう！2 アートヨガほぐしあそびシアター』共著(鈴木出版)
『脳をひらく体』『超感覚ヨガ入門』(河出書房新社)
『子どもとからだを勉強する』(初出クレヨンハウス)
絵本 『からだであそぼう あし』小澤るしや・絵 (ポプラ社)
『からだであそぼう て』小澤るしや・絵 (ポプラ社)
『からだであそぼう かた』小澤るしや・絵 (ポプラ社)
DVD 「小澤直子のアートヨガ・基本メソッド」(学研)
アートヨガ・ムーヴ URL ◆ http://www.ozawanaoko.com/

※「アートヨガ」の教場は、東京にある小澤直子主宰の「アートヨガ・ムーヴ」1カ所のみです。他に支部はありません。

新沢としひこ

シンガーソングライター。学生時代からライブハウスなどで音楽活動を始める。大学卒業後、東京、神奈川の保育園に勤務。その後、全国で保育講習会の講師をつとめるようになる。常に新しいことに挑戦し、作詞・作曲のほかに、エッセイスト、絵本作家としても活躍中。

■主な著書
『ヨガであそぼう！2 アートヨガほぐしあそびシアター』共著(鈴木出版)
「歌でおぼえる手話ソングブック」シリーズ 共著(鈴木出版)
『おなかぺこぺこソングブック』共著(鈴木出版)
『新沢としひこの みんなのたいそう』(鈴木出版)
『キリンくんのパンパカあそびうた』(チャイルド本社)
絵本 『はじめまして』 大和田美鈴・絵 (鈴木出版)
詩集 『空にぐーんと手をのばせ』(理論社)

アスクミュージック URL ◆ http://www.ask7.jp/

●制作協力

小澤るしや (作詞)

「アートヨガ・ムーヴ」副主宰。子どもたちにほぐしあそびを指導。イラストレーターとして、小説表紙・扉絵を手がける。絵本作家としても活躍中。

新生璃人 (作詞)

作家・映像作家。「小説 王都妖奇譚」シリーズ(秋田書店)でデビュー。アートヨガのDVDや絵本では監督や構成などを担当。http://rihito-arao.com/

●友情参加

増田裕子 (作曲)

スーパーデュオグループ "ケロポンズ" として、平田明子とともに全国各地のステージで活躍中。本書では作曲の一部を担当する。

カバーイラスト　佐古百美
デザイン　㈲ZaPP!(田岡牧子)
本文・ポスターイラスト　鹿渡いづみ
編集担当　中村由紀

ヨガであそぼう！ こどもヨガソング アートヨガほぐしあそび

2007年7月25日　初版第1刷発行
2022年2月15日　初版第16刷発行

著　者　小澤直子・新沢としひこ
発行人　西村保彦
発行所　鈴木出版株式会社
　　　　〒101-0051　東京都千代田区神田神保町2-3-1
　　　　岩波書店アネックスビル5F
　　　　TEL.03-6272-8001　FAX.03-6272-8016
　　　　振替　00110-0-34090
印刷所　凸版印刷株式会社

©N.Ozawa T.Shinzawa Printed in Japan 2007
ISBN978-4-7902-7196-3　C2037　NDC369　日本音楽著作権協会（出）許諾第0707994-216号

乱丁、落丁本は送料小社負担でお取り替え致します（定価はカバーに表示してあります）。
本書を無断で複写（コピー）、転載することは、著作権法上認められている場合を除き、禁じられています。

鈴木出版 URL ◆ http://www.suzuki-syuppan.co.jp/

「アートヨガ」（登録第4863123号）・「ほぐしあそび」（登録第5072850号）は小澤直子の登録商標です。